Timo Purificato

Gott ist nicht schizophren

Tagebuch einer krankheitsuneinsichtigen Schizophrenie

© 2018 Timo Purificato / tredition Verlag
2. Auflage Timo Purificato / tredition Verlag
Herausgeber: tredition Verlag
Autor: Timo Purificato
Umschlaggestaltung, Illustration: tredition Verlag

Verlag: tredition GmbH, Hamburg
ISBN: 978-3-7482-1454-0 (Paperback)
ISBN: 978-3-7482-1461-8 (Hardcover)

Das Werk, einschließlich seiner Teile, ist urheberrechtlich geschützt. Jede Verwertung ist ohne Zustimmung des Verlages und des Autors unzulässig. Dies gilt insbesondere für die elektronische oder sonstige Vervielfältigung, Übersetzung, Verbreitung und öffentliche Zugänglichmachung.

Bibliografische Information der Deutschen Nationalbibliothek: Die Deutsche Nationalbibliothek verzeichnet diese Publikation in der Deutschen Nationalbibliografie; detaillierte bibliografische Daten sind im Internet über http://dnb.d-nb.de abrufbar.

Vorwort

Ich möchte mich vorab für diese schwere Lektüre entschuldigen. Es ist nicht meine Absicht, irgendjemanden zu deprimieren, sondern eher ein Beweis, dass auch sehr fürchterliche Lebensabschnitte eines jeden Menschen verarbeitet werden können.

Ich vermag gar nicht zu sagen, wie oft ich in dem beschriebenen schlimmsten Zeitraum, von 2002 bis 2005, meiner krankheitsuneinsichtigen paranoiden Schizophrenie meinem Leben ein Ende setzen wollte. Dieses authentische Tagebuch dokumentiert diese Zeit. Ich habe 2 ½ Jahre meine Mutter verleugnet. In dem Glauben, Sie gehört auf die andere Seite und ich bin Jesus Christus, der in ein neues Leben hineingeboren wurde. Ein verwerfliches Leben. Um dann im Fegefeuer zu bestehen, zu bereuen und sich selbst und andere Menschen durch sein Leid zu befreien. Ich habe jeglichen Kontakt zu meiner Mutter und zu anderen Menschen abgebrochen. Ich habe 5 Jahre als Veganer gelebt und 5 Jahre kein Wort gesprochen. Nur gepfiffen. Ich bin rückwärts durch die Stadt gelaufen, nackt aus meiner Wohnung die Treppe runtergegangen und stand im Garten am Kellereingang des Nachbarn bis der Krankenwagen kam. Es gibt noch etliche Dinge mehr die ich tat, in der Überzeugung, für das eigene Wohl und das Wohl der Welt einen Beitrag zu leisten.

Es war der reinste Albtraum und ist es immer noch. Aber im Laufe der Jahre habe ich gelernt, ein wenig besser damit umzugehen, obwohl es schier unmöglich ist, sich zurückzulehnen und das Leben wie früher zu genießen. Alles hat sich kolossal verändert. Und so wie die wahrhaftigen bösen Mächte um mich herum auf mich einschlagen, so schlage ich auch zurück.

Ich bin ein friedfertiger Christ, aber irgendwann neigt sich auch meine Geduld dem Ende entgegen. Damit möchte ich nicht sagen „ran an die Waffen und blind um sich schießen", sondern den fiesen Träumen der Despoten innerlich den Weg versperren. Friedlich seine Farbe bekennen, sich von all den scheußlichen Absichten zu distanzieren und nie den Glauben an die Macht und Würde der Liebe aus den Augen zu verlieren.

Sich jedoch im Verteidigungsfall zu wehren und nicht nur tatenlos zuzusehen befürworte ich.

Glauben Sie mir, der allerliebste Vater im Himmel wird Sie sanft anlächeln und unterstützen, so gut er kann. Ihm und meiner Familie, die einzigen die für mich noch übriggeblieben sind, gilt mein ganzer Dank. Ganz besonders möchte ich meine Mutter erwähnen, die in all der Zeit, von 1997 bis heute, immer noch nicht vor mir weggelaufen ist.

Und die Menschen, die an anderen Fronten für den Frieden der Liebe kämpfen und leiden müssen.

Das Gericht

Verfasst im Sommer 1999

Die Schuldigen werden schuldig sein.
Sie können es vor anderem verbergen,
aber niemals vor der Wahrheit.
Sie werden eingeholt von ihrer selbst
und stehen vor dem Tor der eigenen Grausamkeit.
Erkenne die Bedeutung deiner Seele,
dein Gefühl, dein Bewusstsein verrät dir den Weg.
Lass dich niemals auf das Böse ein.
Kämpfe mit allen Mitteln gegen diese Macht und
beschütze die Unschuldigen,
vor allem die, die nicht wissen,
die nicht sehen, die nicht können.

Suche ..... kämpfe .... glaube ...
und finde den Weg des Friedens,
der Freiheit, der Liebe.

Das Gericht

Die Schuldigen werden schuldig sein.

Sie können es vor anderen verbergen,

aber niemals vor der Wahrheit.

Sie werden eingeholt von ihrer selbst

und stehen vor dem Tor der eigenen Grausamkeit.

Erkenne die Bedeutung deiner Seele,

dein Gefühl, dein Bewusstsein verrät dir den Weg.

Lass dich niemals auf das Böse ein.

Kämpfe mit allen Mitteln gegen diese Macht und

beschütze die Unschuldigen,

vor allem die, die nicht wissen,

die nicht sehen, die nicht können.

Suche….. Kämpfe….. Glaube…..

und finde den Weg des Friedens,

der Freiheit, der Liebe.

8.7.2002

- So wie Du mich zwingst, dieses Leben zu leben, zu ertragen, obwohl es nicht zu ertragen ist. So zwingst Du auch Dich meine Gefühle zu spüren. Was hast Du nur von diesem Schmerz? Wo führt das hin? ~~all dieses hier zuzulassen.~~ Du hast nun einmal die Erkenntnis und ich muß Dir vertrauen.

- Ich hasse Dich zur Zeit mehr als daß ich Dich liebe. Verzeih mir bitte. Keine Kraft mehr... Mein Verständnis für diese schwere Zeit versagt.

- Du lässt es jedoch zu, denn am Ende spielt es keine Rolle mehr. Dann ist es vorbei, bis in alle Ewigkeit.

- Es ist so unvorstellbar, daß diese Gefühle wahrhaftig existieren dürfen, dieser Schmerz, für den ich keine Worte finde. Es ist eine andere Welt, Deine Welt. Aber Vater, sieh doch, ich bin nichts weiter als ein Mensch. Hast Du das wirklich so gewollt?

- Wie soll ich all das tragen? Du weisst selber, daß es nicht geht. Und es nimmt kein Ende................

- Wo ist die Erlösung? Wann ~~trifft sie~~ begegne ich ihr? Bitte ——————— umarme mich endlich, nimm diesen ekelhaften Schmerz von mir. Rede endlich mit mir, hör auf zu schweigen. Du bist so hässlich, auch wenn ich weiß, daß Du mitleidest.

- Hör auf, beende es, lass es bitte nie wieder zu. Bitte nicht mehr mit mir. Nimm auch keines andere Seele die Du liebst.

- Das ist alles so schwer, was soll ich nur tun?

So wie du mich zwingst, dieses Leben zu leben, zu ertragen, obwohl es nicht zu ertragen ist, so zwingst du auch dich meine Gefühle zu spüren. Was hast du nur von diesem Schmerz? Wo führt das hin? Du hast nun einmal die Erkenntnis und ich muss dir vertrauen.

Ich hasse dich zur Zeit mehr als dass ich dich liebe. Verzeih mir bitte. Keine Kraft mehr... mein Verständnis für diese schwere Zeit versagt.

Du lässt es jedoch zu, denn am Ende spielt es keine Rolle mehr. Dann ist es vorbei, bis in alle Ewigkeit.

Es ist so unvorstellbar, dass diese Gefühle wahrhaftig existieren dürfen, dieser Schmerz, für den ich keine Worte finde. Es ist eine andere Welt, deine Welt. Aber Vater, sie doch, ich bin nichts weiter als ein Mensch. Hast du das wirklich so gewollt?

Wie soll ich all das tragen? Du weißt selber, dass es nicht geht. Und es nimmt kein Ende...

Wo ist die Erlösung? Wann begegne ich ihr? Bitte------------------ umarme mich endlich, nimm diesen ekelhaften Schmerz von mir. Rede endlich mit mir, hör auf zu schweigen. Du bist so hässlich, auch wenn ich weiß, dass du mitleidest.

Hör auf, beende es, lass es bitte nie wieder zu. Bitte nicht mehr mit mir. Nimm auch keine andere Seele die du liebst.

Das ist alles so schwer, was soll ich nur tun?

9.7.2002

Ich ertrage es nicht mehr, mit diesem Schmerz umzugehen.
Ich verliere das Vertrauen zu Dir, ich begreife Deine Liebe nicht, kann und will die Verantwortung nicht mehr alleine tragen müssen. Wie kannst Du mich nur eine so lange Zeit ohne Hilfe in dieser Kälte zurücklassen? Gnade und Erbarmen haben für mich eine andere Bedeutung.

Du bist soooo hässlich. Ist das bei Dir an der Tagesordnung, daß eine lebendige Seele so leiden muss, damit Du sie endlich akzeptierst? Wieso erschaffst Du eine unvollkommene Welt, in der es so leicht ist zu versagen, um einen dann auch noch für seine Unvollkommenheit zu bestrafen?

Gibt es in Deiner Unendlichkeit, Deiner unendlichen Liebe, keinen anderen Weg ein ~~~ von dir geliebtes Kind zu werden?
Muss man dafür erst so erniedrigt und zustickelt werden?

Wie ich Dein Schweigen hasse, wie ich Dich dafür hasse, daß Du mich so hängen lässt. Es reicht es nicht in mich zu kehren und hinter die Kulissen zu schauen. Ich habe dafür nicht mehr die Kraft und schon lange nicht mehr die Geduld es weiterhin durchzustoßen. Du hast nur einmal ~~~ ein ziemlich grosses Weichei ins Rennen geschickt. Ich bin für so etwas nicht geschaffen. Und das schlimme ist, Du weisst es.
Ich würde mich nicht wundern, wenn Du mich am Ende dieser beschissenen Zeit weiterhin erniedrigst und auslachst. Nicht mit mir, sondern über mich lachst.

Ich ertrage es nicht mehr, mit diesem Schmerz umzugehen. Ich verliere das Vertrauen zu dir, ich begreife deine Liebe nicht, kann und will die Verantwortung nicht mehr alleine tragen müssen. Wie kannst Du mich nur eine so lange Zeit ohne Hilfe in dieser Kälte zurückgelassen?

Gnade und Erbarmen haben für mich eine andere Bedeutung. Du bist soooo hässlich. Ist das bei dir an der Tagesordnung, dass eine lebendige Seele so leiden muss, damit du sie endlich akzeptierst? Wieso erschaffst du eine unvollkommene Welt, in der es so leicht ist zu versagen, um einen dann auch noch für seine Unvollkommenheit zu bestrafen?

Gibt es in deiner Unendlichkeit, deiner unendlichen Liebe, keinen anderen Weg ein von dir geliebtes Kind zu werden? Muss man dafür erst so erniedrigt und zerstückelt werden?

Wie ich dein Schweigen hasse, wie ich dich dafür hasse, dass du mich so hängen lässt. Mir reicht es nicht in mich zu kehren und hinter die Kulissen zu schauen. Ich habe dafür nicht mehr die Kraft und schon lange nicht mehr die Geduld es weiterhin durchzustehen.

Du hast nun einmal ein ziemlich großes Weichei ins Rennen geschickt. Ich bin für so etwas nicht geschaffen. Und das schlimme ist, du weißt es. Ich würde mich nicht wundern, wenn du mich am Ende dieser beschissenen Zeit weiterhin erniedrigst und auslachst. Nicht mit mir, sondern über mich lachst.

14.07.2002

Was oder wer quält sich daran auf, mich in dieses Gefängnis der Lüge zu stecken? Wieso folge ich noch diesem Weg, obwohl ich nicht weiß, daß er von Dir ist? Wie kann ich einen Weg folgen, bei dem ich mich auf meine Augen verlassen soll? Sie haben mich ein ganzes Leben lang betrogen, sie werden es weiterhin tun. But with you it's always one step too far....
Ich habe die Schnauze voll, ich habe sie so voll wie noch niemals zuvor. Gäbe es den ultimativen Knopf, der alles auf der Stelle beendet, könnte ich ihn nur erreichen und drücken, ich würde es tun. Das schöne an der Sache ist, Du könntest ihn drücken, es beenden, die Folter der Seele, meiner Seele, erlösen. Was für eine abgefahrene Prüfung. Ist das überhaupt eine Prüfung? Oder ist das nur ein beschissenes Spiel der Liebe?
Ich frage Dich nochmal, liebster Vater, kennst du die Bedeutung des Wortes "Gnade" oder "Erbarmen"?
Würde man sich nicht gut dabei fühlen diese zu gewähren? Leiden zu beenden? Freude und Liebe zu schenken? Du besitzt diese Macht, vor allem aber auch die Intelligenz, die Erkenntnis. Du weißt doch alles, oder?
Ich weiß, ich muß für meine Fehler bezahlen, für all das Grauen, daß ich Dir angetan habe. Auf der einen Seite ist es eine Ehre, daß du mich wie Deinesgleichen behandelst, doch die andere Seite ist bitter, hässlich, schrecklich, sie raubt mir die Kraft. Meine Sinne sind verletzt, meine Geduld verabschiedet sich, mein Glauben ist so schwer wie dies das

①

Was oder wer geilt sich daran auf, mich in dieses Gefängnis der Lüge zu stecken? Wieso folge ich noch diesem Weg, obwohl ich nicht weiß, dass er von dir ist? Wie kann ich einem Weg folgen, bei dem ich mich auf meine Augen verlassen soll? Sie haben mich ein ganzes Leben lang betrogen, sie werden es weiterhin tun.

But with you it`s always one step too far..........ich habe die Schnauze voll, ich habe sie so voll wie noch niemals zuvor. Gebe es den ultimativen Knopf, der alles auf der Stelle beendet, könnte ich ihn nur erreichen und drücken, ich würde es tun. Das schöne an der Sache ist, du könntest ihn drücken, es beenden, die Folter der Seele, meiner Seele, erlösen.

Was für eine abgefahrene Prüfung. Ist das überhaupt eine Prüfung? Oder ist das nur ein beschissenes Spiel der Liebe? Ich frage dich nochmal, liebster Vater, kennst Du die Bedeutung des Wortes „Gnade" oder „Erbarmen"?

Würde man sich nicht gut dabei fühlen dieses zu gewähren? Leiden zu beenden? Freude und Liebe zu schenken? Du besitzt diese Macht, vor allem aber auch die Intelligenz, die Erkenntnis. Du weißt doch alles, oder?

Ich weiß, ich muss für meine Fehler bezahlen, für all das Grauen, das ich dir angetan habe. Auf der einen Seite ist es eine Ehre, dass Du mich wie deinesgleichen behandelst, doch die andere Seite ist bitter, hässlich, schrecklich, sie raubt mir die Kraft. Meine Sinne sind verzerrt, meine Geduld verabschiedet sich, mein Glauben ist so schwer wie das kleinste Teilchen, das du jemals geschaffen hast.

14.07.2002

kleinste Teilchen, daß Du jemals geschaffen hast. Sag mir was jeden Tag, wie verwerflich meine Seele gehandelt hat. Ich kann es nicht rückgängig machen. Leider......
Ich würde es tun, denn es gibt so viel, daß ich nicht sein möchte. Ich möchte nicht jede Erfahrung machen, es gibt für mich existieren Grenzen, die ich nicht überschreiten möchte. Wie soll ich mich nun jemals weiterentwickeln, wenn Du nicht mit mir redest? Was bringt dir das nur täglich zuzusehen und nicht einzugreifen? Möchtest Du mich verwandeln? Möchtest Du mich so lange reizen, bis ich mich dem Bösen zuwende? Das wirst Du nicht schaffen, nicht nach all dem...
Grüß mir die hässlichste Hässlichkeit. Bis später.

Es könnte mich natürlich auch viel schlimmer treffen. Du kennst meine Ängste. Bitte lass sie nicht wahr werden. Und bitte erhöre endlich die Bitten Deiner Kinder, entworte den Herzen, die um Gnade flehen, erlöse die in dem Buch des Lebens eingetragenen Seelen. Und wenn es nach mir ginge Lieber Gestern als Morgen.
Danke

Zeig mir nur jeden Tag, wie verwerflich meine Seele gehandelt hat. Ich kann es nicht rückgängig machen. Leider.......

Ich würde es tun, denn es gibt so viel, dass ich nicht sein möchte. Ich möchte nicht jede Erfahrung machen, für mich existieren Grenzen, die ich nicht überschreiten möchte. Wie soll ich mich nur jemals weiter entwickeln, wenn du nicht mit mir redest? Was bringt dir das nur täglich zuzusehen und nicht einzugreifen? Möchtest du mich verwandeln? Möchtest du mich so lange reizen, bis ich mich dem Bösen zuwende?

Das wirst du nicht schaffen, nicht nach all dem.......... Grüß mir die hässlichste Hässlichkeit. Bis später.

Es könnte mich natürlich auch viel schlimmer treffen. Du kennst meine Ängste. Bitte lass sie nicht wahr werden. Und bitte erhöre endlich die Bitten deiner Kinder, antworte den Herzen, die um Gnade flehen, erlöse die in dem Buch des Lebens eingetragenen Seelen. Und wenn es nach mir ginge lieber gestern als morgen.

Danke.

15.07.2002

Bitte weitermachen ....
Schenke mir bitte jeden Tag diese Kraft, Deine Kraft, daß ich die kommende Zeit bis ans Ende durchstehe. Habe ich Dir heute schon gesagt, daß Du Dich beeilen sollst? Nein?
Bitte lieber Gott beeile Dich, ich bin bestimmt nicht der einzige der ~~sich~~ Deine Erlösung herbeisehnt.
Wie kannst Du es nur zulassen, daß diese Welt so lange leben darf. Das ist doch nicht Dein Ernst, oder?

Bitte weitermachen …

Schenke mir bitte jeden Tag diese Kraft, Deine Kraft, dass ich die kommende Zeit bis ans Ende durchstehe. Habe ich Dir Heute schon gesagt, dass Du Dich beeilen sollst? Nein?

Bitte lieber Gott beeile Dich. Ich bin bestimmt nicht der Einzige der Deine Erlösung herbeisehnt.

Wie kannst Du es nur zulassen, dass diese Welt so lange leben darf. Das ist doch nicht Dein Ernst, oder?

11.09.02

Auf Deine Sekunden scheiße ich. schmieße, Aott.
Respektlosigkeit ist das was Du für mich übrig hast.
Also warum soll ich Dich respektieren? Willst Du nicht
oder kannst Du nicht? Mich haben schon viele enttäuscht,
aber Du setzt dem ganzen noch die Krone auf.
Das mit der Liebe geht ganz schnell, ganz schnell weg,
wenn Du es willst.

Auf Deine Sekunden scheiße ich, schmieber Pott. Respektlosigkeit ist das was Du für mich übrig hast. Also warum soll ich dich respektieren?

Willst du nicht oder kannst Du nicht? Mich haben schon viele enttäuscht, aber Du setzt dem Ganzen noch die Krone auf.

Das mit der Liebe geht ganz schnell, ganz schnell weg, wenn Du es willst.

25.10.2002

Würdest Du bitte auflösen, ja?
Das was ich jetzt schon fühle, das bisschen was ich von dir weiß, ist der Megahammer....
Was, wenn Deine Liebe nicht mehr zu bremsen ist? Kann man das ertragen? Ich freue mich drauf, auch wenn sie unerträglich ist. Unerträglich schön......
Vielen Dank, ~~bloss~~ dass es Dich gibt, danke, dass alles in Deinen Händen ruht, in deinem Herzen sicher aufgehoben ist. Danke, dass Du mich liebst. Das ist das schönste Geschenk.

Würdest Du bitte aufhören, ja?

Das was ich jetzt schon fühle, das bisschen was ich von Dir weiß, ist der Megahammer..........

Was, wenn deine Liebe nicht mehr zu bremsen ist?

Kann man das ertragen? Ich freue mich darauf, auch wenn sie unerträglich ist. Unerträglich schön....

Vielen Dank, dass es dich gibt, danke, das alles in deinen Händen ruht, in deinem Herzen sicher aufgehoben ist. Danke, dass Du mich liebst. Das ist das schönste Geschenk.

Das Geschenk

10.1.2003

Dein Versprechen gabst du mir vor Zeiten
Ich durfte sehen einen Teil Deiner Weiten
Ein Vergleich um es zu verstehen
Fällt mir schwer zu finden, muss bestehen,
Wiederstehen, nicht untergehen.
Ein Elektron ist groß, ist klein, ist es rein?

Dein Reich ist nicht von dieser Welt
Ob sie Dich wohl unterhält.
Ist das nicht Dein Plan
All diese Jahre in diesem Wahn?
Von Anbeginn der Zeit
Ob was von Dir übrigbleibt?

Wie klein ich bin, doch klage ich Dich an. Ist das nicht witzig? Könnte es nicht glauben, dass Du all das willst. Nur warum geschieht es, wenn es nicht Dein Wille ist? Siehst Du immer nach dem Blut, dass an mir klebt? Ich hasse mich dafür, will es nicht wahr haben, dass ich der war. Das wäre ich der, wenn es nie geschehen wäre? Willst Du mir wirklich sagen, dass Du den Lebren opferst, damit andere begreifen?
Das traue ich Dir nicht zu ....
Bitte verschenke endlich die Wahrheit.

Timo

Das Geschenk

Dein Versprechen gabst du mir vor Zeiten.

Ich durfte sehen einen Teil Deiner Weiten.

Ein Vergleich um es zu verstehen,

Fällt mir schwer zu finden, muss bestehen,

Widerstehen, nicht untergehen.

Ein Elektron ist groß, ist klein, ist es rein?

Dein Reich ist nicht von dieser Welt,

Ob sie dich wohl unterhält.

Ist das nicht Dein Plan,

All diese Jahre in diesem Wahn?

Von Anbeginn der Zeit,

Ob was von Dir übrig bleibt?

Wie klein ich bin, doch klage ich Dich an. Ist das nicht witzig? Möchte es nicht glauben, dass Du all das willst. Nur warum geschieht es, wenn es nicht Dein Wille ist? Siehst Du immer noch das Blut, das an mir klebt? Ich hasse mich dafür, will es nicht wahrhaben, dass ich das war. Doch wäre ich der, wenn es nie geschehen wäre? Willst Du mir wirklich sagen, dass Du dein Leben opferst, damit andere begreifen?

Das traue ich dir nicht zu……………………………

Bitte verschenke endlich die Wahrheit

2.1.2003

- geh vom schlimmsten aus
- nur die Liebe quält
- in der Finsternis erkennst du die wahre Bedeutung des Lichtes
- Gott liebt Dich, auch wenn du seine Liebe oft nicht greifen kannst
- Schaue hinter die Kulissen
- Denke an dein Ziel, dann macht das Leiden wieder Sinn
- Wenn du auch stark sein müßtest, darf es ruhig mal hart sein
- Klasse statt Masse
- um den stärksten Gegner zu schlagen, besiege dich selbst.
- In der Liebe ist nichts unmöglich
- In Gottes Liebe sitzt jeder in der 1. Reihe
- soll die Lüge ruhig laut lachen, sie wird es nie begreifen
- Sei gewiss, Abfall ist dazu da, um verbrannt zu werden.
- fälle ein Urteil erst, wenn genügend Informationen vorhanden sind.
- Wäre die Liebe nicht, wäre ich schon längst verloren
- Gott lenkt und schenkt
- Ein starker Wille, Verstand und Liebe sind eine gute Voraussetzung zu wachsen
- Für welches Licht entscheidest Du Dich?

Wang & Tiändsi

	Manitu	Yang/Yin	Gott	Christentum
	Konfuzionismus			Chinesische Volksreligionen
Buddha	Taoismus		Mohammed	Islam
				Hinduismus
				Buddhismus
				Primitive Naturreligionen
	Allah	Jesus	Brahma	Shintoismus
				Judentum
				Zarathustrische Religion

Geh vom schlimmsten aus.
Nur die Liebe quält.
In der Finsternis erkennst Du die wahre Bedeutung des Lichtes.
Gott liebt Dich, auch wenn Du seine Liebe oft nicht greifen kannst.
Schaue hinter die Kulissen.
Denke an Dein Ziel, dann macht das Leiden wieder Sinn.
Wenn Du auch stark sein möchtest, darf es ruhig mal hart sein.
Klasse statt Masse.
Um den stärksten Gegner zu schlagen, besiege Dich selbst.
In der Liebe ist nichts unmöglich.
In Gottes Liebe sitzt jeder in der ersten Reihe.
Soll die Lüge ruhig laut lachen, sie wird es nie begreifen.
Sei gewiss, Abfall ist dazu da, um verbrannt zu werden.
Fälle ein Urteil erst, wenn genügend Informationen vorhanden sind.
Wäre die Liebe nicht, wäre ich schon längst verloren.
Gott lenkt und schenkt.
Ein starker Wille, Verstand und Liebe sind eine gute Voraussetzung zu wachsen.
Für welches Licht entscheidest du dich?

25.1.2003

Habe gerade die vergangenen Notizen durchgelesen. Was davon ist wahr? Heute kommt es mir vor, als ob ich es ohne Gefühl hingekritzelt hätte. Ein Gefühl, dass ich alles nur schön reden will, um Dir zu gefallen. Liebster Vater und so'n Quatsch. Ich fühle mich so leer wie diese Worte. Wenn der Tod lebendig ist, dann in mir. So muss es sich anfühlen, wenn man kein Teil mehr des Lebens ist. Das meiste geht mir auf den Sack. Kaum etwas, dass mich nicht nervt. Überall wo ich hinsehe, grinst die Fratze der Lüge. Ich bin ihr hilflos ausgeliefert. Und bei dem Gedanken, dass es Dein Wille ist, könnte ich explodieren vor Wut. Das schlimme ist, es ist Dein Wille .... Denn sonst wäre es nicht.
Ich hasse diese Hilflosigkeit, ich hasse meine Behinderung, dieses Gefängnis eingepfercht in dieser Hülle "Tino", ein Spielball Deiner Launen.
Blind geboren, um dann wieder blind zu sterben.
Eyes of truth and the universe of justice. Dafür lohnt es sich zu sterben.
Wer auch immer ich bin, von welchen Kräften ich erschaffen werde und zusammengehalten werde und welcher Teil davon ganz alleine durch mich kontrolliert werden kann, dieser kleine verbissene Teil wird es der Hölle und all ihren perversen Gelüsten die Existenz schwer machen. Und da bin ich nicht der einzige.

Habe gerade die vergangenen Notizen durchgelesen. Was davon ist wahr? Heute kommt es mir vor, als ob ich es ohne Gefühl hingekritzelt hätte. Ein Gefühl, dass ich alles nur schön reden will, um Dir zu gefallen.

Liebster Vater und so`n Quatsch. Ich fühle mich so leer wie diese Worte. Wenn der Tod lebendig ist, dann in mir. So muss es sich anfühlen, wenn man kein Teil mehr des Lebens ist. Das meiste geht mir auf den Sack. Kaum etwas, das mich nicht nervt.

Überall wo ich hinsehe, grinst die Fratze der Lüge. Ich bin ihr hilflos ausgeliefert. Und bei dem Gedanken, dass es dein Wille ist, könnte ich explodieren vor Wut. Das schlimmste ist, es ist dein Wille.................... denn sonst wäre es nicht.

Ich hasse diese Hilflosigkeit, ich hasse meine Behinderung, dieses Gefängnis eingepfercht in dieser Hülle „Timo", ein Spielball deiner Launen. Blind geboren, um dann wieder blind zu sterben.

Eyes of the truth and the universe of justice. Dafür lohnt es sich zu sterben. Wer auch immer ich bin, von welchen Kräften ich erschaffen wurde und zusammengehalten werde und welcher Teil davon ganz alleine durch mich kontrolliert werden kann, dieser kleine beschissene Teil wird es der Hölle und all ihren perversen Gelüsten die Existenz schwer machen.

Und da bin ich nicht der einzige.

In Deine Hände liebster Vater gebe ich
meinen Leib und meine Seele.

In Deiner immerwährenden Liebe soll ~~über~~ über das
Schicksal meiner zukünftigen Existenz ein Urteil gefällt
werden.

Diese Entscheidung möchte ich durch meine Unterschrift
und mein Blut besiegeln.

In deine Hände liebster Vater gebe ich meinen Leib und meine Seele.

In deiner immerwährenden Liebe soll über das Schicksal meiner zukünftigen Existenz ein Urteil gefällt werden.

Diese Entscheidung möchte ich durch meine Unterschrift und mein Blut besiegeln.

Timo Purificato

26.2.03

Was bleibt übrig, wird nicht zerstört.
Sag mir was es ist, dass uns verbindet.
Wer bin ich, warum hälst du mich?
Kann ich mich auf einen Punkt reduzieren,
mich dennoch von allen anderen unterscheiden?
Ich bin da, weil Du es so wolltest.
Wieso? Was das wirklich Deine Absicht?
Ich lebe ~~still~~ in dem Wunsch, dass Dein Hunger
so gross ist wie meiner.
W.W ———
Das wäre der Himmel.
Du wärst das perfekte Gegenstück.
Habe ich Dir wirklich noch gefehlt?
Ich wünsche mir die Wahrheit
Bitte……

Timo

Was bleibt übrig, wird nicht zerstört.
Sag mir was es ist, das uns verbindet.
Wer bin ich, warum hältst du mich?
Kann ich mich auf einen Punkt reduzieren,
mich danach von allen anderen unterscheiden?
Ich bin da, weil du es so wolltest.
Wieso? War das wirklich deine Absicht?
Ich lebe in dem Wunsch, dass dein Hunger
so groß ist wie meiner.
WoW.................
Das wäre der Himmel.
Du wärst das perfekte Gegenstück.
Habe ich dir wirklich noch gefehlt?
Ich wünsche mir die Wahrheit.
Bitte....................................

Liegende Acht

27.2.03

Vergessen wäre nur zu schön.

Unvergessen in mir Dein Lachen,
Dein leuchtend Angesicht,
Die Wärme deiner Liebe,
Die Last du hart für mich getragen.
Das Geheimnis des Teilens.
Zu fühlen da ist mehr,
Als nur die Augen sehn,
Gebete aus~~...~~ in Liebe geboren werden erhört.
Zu gross ist die Wahrheit,
Als das ich sie begreife.
Fassen kann ich auch nicht den Teil von dir,
Der mit mir verwachsen
So unwichtig das Leben
Wenn du fehlst

Timo

liegende Acht

Vergessen wäre nur zu schön.

Unvergessen in mir dein Lachen,

Dein leuchtend Angesicht,

Die Wärme deiner Liebe,

Die Last du hast für mich getragen.

Das Geheimnis des Teilens.

Zu fühlen da ist mehr,

Als nur die Augen sehn.

Gebete in Liebe geboren werden erhört.

Zu groß ist die Wahrheit,

Als das ich sie begreife.

Fassen kann ich auch nicht den Teil von dir,

Der mit mir verwachsen.

So unwichtig das Leben,

Wenn du fehlst.

An alle Regierungen dieser Welt, an alle Menschen .....

Ich appelliere an ihr Gewissen.

Ehrfurcht vor dem Leben, der einzigartigen Schöpfung, kannte ich nicht.
Ich hatte ja keine Ahnung, was da für eine Welle auf mich zuraste.
Was für ein Brecher, so hoch, so gewaltig, so kraftvoll.
Und dann riss mich dieses Ding einfach mit. Keine Chance zu entkommen.
Noch heute werde ich durchgeschüttelt und mitgeschliffen. Ab und zu
darf ich ein wenig nach Luft schnappen.
Wie dieses Monster, dieses Ungetüm entstanden ist?

Das sind meine eigenen Grausamkeiten, so bin ich mit dem Leben
umgegangen, das mir geschenkt wurde. Achtlos habe ich mich von
dieser Welt ernährt. Der Teufel lachte und Gott weinte.

Eines weiss ich heute. Gott sieht nicht einfach nur tatenlos zu.
Er hält seine Versprechen und ist mitten im Geschehen.
Mit Sicherheit segnet er nicht nur Amerika oder nur den Irak.
Er segnet die Liebe.
Wenn sie Entscheidungen treffen, können sie dann mit Sicherheit
sagen, dass sie sich in dieser Liebe befinden?
Was für eine Monsterwelle lauert hinter ihrem Rücken?

      Timo

An alle Regierungen dieser Welt, an alle Menschen............

Ich appelliere an ihr Gewissen.

Ehrfurcht vor dem Leben, der einzigartigen Schöpfung, kannte ich nicht. Ich hatte ja keine Ahnung, was da für eine Welle auf mich zuraste. Was für ein Brecher, so hoch, so gewaltig, so kraftvoll.

Und dann riss mich dieses Ding einfach mit. Keine Chance zu entkommen. Noch Heute werde ich durchgeschüttelt und mitgeschliffen. Ab und zu darf ich ein wenig nach Luft schnappen.

Wie dieses Monster, dieses Ungetüm entstanden ist? Das sind meine Grausamkeiten, so bin ich mit dem Leben umgegangen, dass mir geschenkt wurde. Achtlos habe ich mich von dieser Welt ernährt. Der Teufel lachte und Gott weinte.

Eines weiß ich Heute. Gott sieht nicht einfach nur tatenlos zu. Er hält sein Versprechen und ist mitten im Geschehen.

Mit Sicherheit segnet er nicht nur Amerika oder den Irak. Er segnet die Liebe.

Wenn sie Entscheidungen treffen, können sie dann mit Sicherheit sagen, dass sie sich in dieser Liebe befinden?

Was für eine Monsterwelle lauert hinter ihrem Rücken?

23.3.03

Ich fasse alles an, bin mittendrin. Die Sonne scheint, sitze auf einer Bank in Werdau vor der Post. Doch bin ich getrennt von dieser Welt. Mein Geist ist soweit entrückt, dass ich nur noch mit dem Körper fühle. Ich lebe, das ist es, als ob ich auf einer Couch sitze, die Fernbedienung in der Hand und ich schalte mich von einer Situation in die andere. Ein Beobachter, ein Zuschauer, unfähig in dieser Welt mitzufühlen. Plötzlich muss ich lachen. Das passiert in

den letzten Tagen öfter. Das ist keine Zufriedenheit, keine Freude. Es ist ein Lachen, dass auch nicht bitter geboren. Der Schmerz, der in den letzten drei Jahren in mir wohnt, verwandelt sich in Verachtung, Gleichgültigkeit. Ich bin mir sicher, das ist die Trennung von allen Bösen. Es ist entmachtet. Es hat keine Beeinflussung, keine Kontrolle mehr über meine Seele. Das ist bestimmt der Grund, dass ich mich wie ein Fremder fühle. Ich gehöre hier nicht mehr hin. Ich will es auch nicht. Ich finde diese Welt scheisse und freue mich auf Deine. Damit will

ich nicht sagen, dass ich diese Welt verdamme. Hier habe ich alles gelernt. Schwarz, weiss, grau, blau ......
Es beruhigt mich sehr, dass du alles kontrollierst. Ich fühle mich sicher aufgehoben. Sicherer geht nicht. Vieles habe ich erwartet, aber nicht, dass du so gewaltig bist. Ich dachte wohl, dass es etwas nach dem Tode geben muss, dass darüber es weitergeht und niemals aufhört, aber dass du wahrhaftig und so riesig bist, damit habe ich nicht gerechnet. Ich frage mich, ob ich Deine Liebe ertrage, wenn du es dann endlich und zulässt.

Ich fasse alles an, bin mitten drin, die Sonne scheint, sitze auf einer Bank in Werden vor der Post. Doch bin ich getrennt von dieser Welt. Mein Geist ist so weit entrückt, dass ich nur noch mit dem Körper fühle. Ich lebe, doch es ist als ob ich auf einer Couch sitze, die Fernbedienung in der Hand und ich schalte mich von einer Situation in die Andere.

Ein Beobachter ein Zuschauer, unfähig in dieser Welt mitzufühlen. Plötzlich muss ich lachen. Das passiert in den letzten Tagen öfter. Das ist keine Zufriedenheit, keine Freude. Es ist ein Lachen, dass auch nicht hierher gehört. Schmerz, der in den letzten drei Jahren in mir wohnt, verwandelt sich in Verachtung. Gleichgültigkeit. Ich bin mir sicher, dass ist die Trennung von dem Bösen.

Es ist entmachtet, hat keine Beeinflussung, kein Kontrolle mehr über meine Seele. Das ist bestimmt der Grund, dass ich mich wie ein Fremder fühle. Ich gehöre hier nicht mehr hin. Ich will es auch nicht. Ich finde diese Welt scheiße und freue mich auf Deine. Damit will ich nicht sagen, dass ich diese Welt verdamme. Hier habe ich alles gelernt.

Schwarz, weiß, groß, klein...........Es beruhigt mich sehr, dass du alles kontrollierst. Ich fühle mich sicher aufgehoben. Sicherer geht nicht. Vieles habe ich erwartet, aber nicht, dass du so gewaltig bist. Ich dachte wohl, dass es etwas nach dem Tode geben muss, das es weitergeht und niemals aufhört, aber dass du wahrhaftig und so riesig bist, damit habe ich nicht gerechnet. Ich frage mich, ob ich deine Liebe ertrage, wenn du es dann endlich mal zulässt.

Sa 19.04.2003

Ha und, I'm no longer frightened, seems to be the hardest word to say. Wo waren wir Gestern, wieso gibt es uns Heute noch. Alles klar. Dabei wollte ich doch nur nett sein oder Hallo sagen. Ich denke ein Bild, es ist unscharf, aber es hat mit Dir zu tun. Schon wieder Musik hören, welche CD nur. Dieses Gefühl in mir, manchmal zieht sich alles zusammen. Gefreut, bis zum abwinken. Bilder, Erinnerungen von Deep Space Nine. Keine Ahnung wie die sich schreibt, Djetsia Dex oder so. Wohl doch nicht so mein Typ. Ich schreibe Legende, gerade in diesem Moment entsteht Kult. Wie überheblich, aber so ist das nun einmal. Hat mich jemand danach gefragt. Augen, Sehnsucht, Liebe, Kasale, Euter, sprechen, schreibt man die nicht mit Ä. Was ist los, kannst Du auch zusammenhängend denken, längere Sätze. Bisse doof, bist wohl doof wa? Uttinawatzidenn, unsinn, macht sinn. Atmen. Tief rein der Scheiss im Weissbier. Weissbierhaus. Papa hodes so kann das bestimmt auch. Jetzt überlege ich, werde wohl ein Datum, sehr aktuell, um genau zu sein das Heutige rechts oben in die Ecke schreiben. Ich sehe nach, im TV Movie Nr. 9. Schreibe es jetzt oben rechts in die Ecke. Uhrzeit, hasse mal die Uhrzeit. Hasse mal 50 cent. Ich glaube Du lachst, ich auch, obwohl, ist uns uns denn zum lachen zu Mute. Voll durchgeknallt, und das innerhalb weniger Sekunden, im Geist geht das viel schneller und das ununterbrochen Tag für Tag. Kann man das aushalten? War das immer schon so? Soll ich nun die Seite vollschreiben oder mal die besten Gedanken üben. Hat nichts denken, oft gewollt, heut probiert, nicht geschafft. Denke immer was. Du bist so abgefahren. Alles ist so abgefahren.............

Das war denken in Echtzeit

Na und. I´m no longer frightened, seems to be the hardest word to say. Wo waren wir Gestern, wieso gibt es uns Heute noch. Alles klar. Dabei wollte ich doch nur nett sein oder Hallo sagen. Ich denke ein Bild, es ist unscharf, aber es hat mit dir zu tun. Schon wieder Musik hören, welche CD nur. Dieses Gefühl in mir, manchmal zieht sich alles zusammen. Gefeiert bis um abwinken. Bilder, Erinnerungen von Deep Space Nine.

Keine Ahnung wie die sich schreibt, Djetsia Dex oder so. Wohl doch nicht so mein Typ. Ich schreibe Legende, gerade in diesem Moment entsteht Kult. Wie überheblich, aber so ist das nun einmal. Hat mich jemand danach gefragt. Augen, Sehnsucht, Liebe, Kabale, Euter, sprechen, schreibt man die nicht mit Ä. Was ist los, kannst du auch zusammenhängend denken, längere Sätze. Bisse doof, bist wohl doof wa?

Utzinawatzidenn, Unsinn, macht Sinn. Atmen. Tief rein den Scheiß im Weissbier, Weissbierhaus. Papa oder so kann das bestimmt auch. Jetzt überlege ich, werde wohl ein Datum, sehr aktuell, um genau zu sein das heutige rechts oben in die Ecke schreiben. Ich sehe nach, in TV Movie Nr. 9. Schreibe es jetzt rechts oben in die Ecke.

Uhrzeit, hasse mal die Uhrzeit, hasse mal 50 Cent. Ich glaube du lachst, ich auch, obwohl, ist mir uns denn zum lachen zu Mute. Voll durchgeknallt, und das innerhalb weniger Sekunden, im Geist geht das viel schneller und das ununterbrochen Tag für Tag. Kann man das aushalten? War das immer schon so? Soll ich nur die Seite vollschreiben oder mal die leeren Gedanken üben. Mal nichts denken, oft gewollt, kurz probiert, nicht geschafft. Denke immer was. Du bist so abgefahren. Alles ist so abgefahren.......**Das war denken in Echtzeit.**

Unknown Treasure (nicht von mir, Song)

long with the days I've spent within these walls
and long the nights of allomines?

How often have you sailed in my dreams
And now in my awakening here I am ready
to go into the seasons world where
we should leap and love
In the stillness of the night I have walked in the your
streets and my spirit has entered your heart.
And in your sleep your dreams will my dreams
and your breathe was upon my face.
Oh, to know the pain of too much tenderness
You are not trapped or taint
without of care and without breathe
You shall be free

(a) Give up that final learn to surrender
oh you got to do is
Give up that final learn to surrender, von Blank and Jones
you know there is is now into ___   CD "Relax"

Unknown Treasure

Long were the days I`ve spent within these walls and long were nights of aloneness.

How often have you sailed in my dreams. And now in my awakening? Here I am - ready to go into the seasonless world where we shall reap and love.

In the stillness of the night I have walked in your streets and my spirit has entered your heart. And in your sleep your dreems were my dreams and your breath was upon my face.

Ohhh to know the pain of too much tenderness. You are not trapped or tamed. Without a care and without grieve. You shall be free.

(A) Give up the fight and learn to surrender, all you`ve gotta do is........Give up the fight and learn to surrender, you now there`s nothing to it....

Let this be the start of something - the start of something true. Don`t wanna keep these heart imprisoned. Let me fly away with you. You don`t always need a reason for all the things you do. When you`ve got something to believe in you know there`s no turning back.

(A)...........

Let there be no scales to weigh your unknown treasure. It is when you give of yourself that you truly give.

Oh to know the pain of too much tenderness you would touch with your fingers the naked body of your dreams. (A).
von Blank and Jones CD „Relax"

Everything Possible (nicht von mir, Song)

Wir haben den Tisch abgeräumt,
die Speisereste verstaut,
das Geschirr gespült und es weggeräumt.
Ich habe dir eine Geschichte erzählt
und dich am Ende deines aufregenden Tages
so dicht eingewickelt.
Wenn der Mond seine Segel setzt,
um dich in den Schlaf zu tragen,
über Mitternacht auf See
will ich dir ein Lied singen, dass niemand
zu mir sang und möge es dich auf
deinen Wegen begleiten.

Egal ~~was du sein willst, du kannst es sein~~
Du kannst irgendjemand sein, der du sein möchtest
Du kannst lieben, wen auch immer du willst.
Du kannst jedes Land bereisen, wohin dein Herz dich
führt und ~~~~ wissen, dass ich dich dennoch liebe.
Du kannst alleine für dich leben
Du kannst Freunde um dich versammeln
Du kannst dir einen ganz speziellen auswählen
Und das einzige Maß deiner Worte und Taten
Wird die Liebe sei, die du hinterlässt, wenn
du gegangen bist

von Shaina Noll
CD "songs for the inner child"
meine Übersetzung

Everything Possible

Wir haben den Tisch aufgeräumt, die Speisereste verstaut, das Geschirr gespült und es weggeräumt. Ich habe dir eine Geschichte erzählt und dich am Ende deines aufregenden Tages dicht eingewickelt. Wenn der Mond über Mitternacht auf See seine Segel setzt, um dich in den Schlaf zu tragen, will ich dir ein Lied singen, dass niemand zu mir sang und möge es dich auf deinen Wegen begleiten.

Du kannst irgendjemand sein, der du sein möchtest. Du kannst lieben, wen auch immer du willst. Du kannst jedes Land bereisen, wohin dein Herz dich führt und wisse, dass ich dich danach liebe.

Du kannst alleine für dich leben. Du kannst Freunde um dich versammeln. Du kannst einen ganz speziellen auswählen und das einzige Maß deiner Worte und Taten wird die Liebe sein, die du hinterlässt, wenn du gegangen bist.

Einige Mädchen wachsen stark und kühn auf. Einige Jungen sind still und freundlich. Einige rennen voraus, andere folgen dahinter. Einige wachsen auf ihre eigene Art und Weise und Zeit. Einige Frauen lieben Frauen und Männer lieben Männer. Einige ziehen Kinder auf, Andere werden es nie tun. Du kannst den ganzen Tag träumen, an dem alles für dich möglich ist, dass es niemals enden wird.

Lass dich nicht von blassem Geplapper oder Sticheleien oder Scherzen einschüchtern, aber suche nach der geistigen Wahrheit. Wenn du deinen Freunden den besten Teil von dir selbst gibst, werden sie dir dasselbe zurückgeben.

Von Shaina Noll: CD „songs for the inner child"

22.5.2003

Kotz Kotz Kotz, Du willst Gleichberechtigung? Du willst das alle in deinem Reich, jeder einzelne für sich, seine Freiheit besitzt? Du willst mitten unter diesen Seelen leben, sie nicht unterwerfen und dich an diesem leben gemeinsamen leben erfreuen? Ich glaube Dir ...... Guck doof, grins. Schade, eigentlich wollte ich gerade mal wieder mit Dir meckern, Dich voll anzupzen, Dich für den ganzen Ärger in mir verantwortlich machen, aber irgendwie habe ich die Nase so voll davon. Ich will nicht mehr. Dieses Leben macht mich müde, denn sehr weit kommt man nicht, wenn man immer nur seine eigenen Gedanken hört und sich alles immer neu im Kreis dreht ohne eine Auflösung. Und dann diese Popelgesichter, tagtäglich. Ich bin mir sicher, dass Du Dir das nicht lange gefallen lassen würdest. Aber mir kann man das ja alles zumuten, ich bin ja wie geschaffen dafür. Nicht wahr?
Kannst Du mir mal bitte sagen wer ich bin und was ich eigentlich will? Wenn ich in die Zukunft sehe, das Leben in Deiner Welt, dann stehen meine sexuellen Phantasien, Partys, Frauen, Technik, Das Universum, die Sterne, Raumschiffe, Musik, Schauspielerei, erotische Begegnungen (steht das nicht schon weiter oben?), Urlaub, abgefahrene Emotionen, der ewige Kick ohne Nebenwirkungen an erster Stelle. Liebste ███, ich will Dir niemals weh tun, ich will doch nur unser Glück. Ich wünsche mir von ganzen Herzen, dass wir alles teilen können. Ich wünsche mir für jeden die vollkommene Betreuung in den Gesetzen der Liebe. Für jeden der das will.

Kotz Kotz Kotz, Du willst Gleichberechtigung? Du willst das alle in deinem Reich, jeder einzelne für sich, seine Freiheit besitzt? Du willst mitten unter diesen Seelen leben, sie nicht unterwerfen und dich an diesem gemeinsamen Leben erfreuen? Ich glaube dir...... guck doof, grins. Schade, eigentlich wollte ich gerade mal wieder mit dir meckern, dich voll anpupsen, dich für den ganzen Ärger in mir verantwortlich machen, aber irgendwie habe ich die Nase voll davon.

Ich will nicht mehr. Dieses Leben macht mich müde, denn sehr weit kommt man nicht, wenn man immer nur seine eigenen Gedanken hört und sich alles immer nur im Kreis dreht ohne eine Auflösung. Und dann diese Popelgesichter tagtäglich. Ich bin mir sicher, dass du dir das nicht lange gefallen lassen würdest. Aber mir kann man das ja alles zumuten, ich bin ja wie geschaffen dafür. Nicht wahr?

Kannst du mir mal bitte sagen wer ich bin und was ich eigentlich will? Wenn ich in die Zukunft sehe, das Leben in deiner Welt, dann stehen meine sexuellen Fantasien, Partys, Frauen, Technik, das Universum, die Sterne, Raumschiffe, Musik, Schauspielerei, erotische Begegnungen (steht das nicht schon weiter oben?), Urlaub, abgefahrene Emotionen, der ewige Kick ohne Nebenwirkungen an erster Stelle. Liebste ......, ich will die niemals weh tun, ich will doch nur unser Glück. Ich wünsche mir von ganzem Herzen, dass wir alles teilen können. Ich wünsche mir für jeden die vollkommene Befreiung in den Gesetzen der Liebe. Für jeden, der das will.

26.5.2003

Ich liebe doch nicht Dich

Was ist es, dass ich liebe,
Doch nicht dich.
Ich liebe doch nur, dass was ich liebe.
Doch bist Du es nicht.
Oder doch?
Ich weiss, dass Du es bist,
Der mich alles gelehrt,
Aber ich halte dich nicht mehr.
Ich sehe dich doppelt
Und grösser ist der Hass.
Alles was ich liebe ist nicht an diesem Ort,
Obwohl du auch hier bist.
Ich liebe dich nicht.
Ich kenne dich nicht.
Jetzt liebe ich anders,
Falls es Liebe ist.
Ich weiss es nicht.
Bin bereit alles zu verlassen.
Auch dich,
Wenn Du es nicht bist.

Timo

Ich liebe doch nicht dich

Was ist es, das ich liebe,
Doch nicht dich.
Ich liebe doch nur, dass was ich liebe.
Doch bist du es nicht.
Oder doch?
Ich weiß, dass du es bist,
Der mich alles gelehrt,
Aber ich halte dich nicht mehr.
Ich sehe dich doppelt
Und größer ist der Hass.
Alles was ich liebe ist nicht an diesem Ort.
Obwohl du auch hier bist.
Ich liebe dich nicht.
Ich kenne dich nicht.
Jetzt liebe ich anders,
Falls es Liebe ist.
Ich weiß es nicht.
Bin bereit alles zu verlassen.
Auch dich,
Wenn du es nicht bist.

Bring me to life (nicht von mir, Song)

How can you see into my eyes.
Like open doors.
Leading you down into my core,
Where I've become so numb.
Without a soul,
My spirit's sleeping somewhere cold,
Until you find it there and lead it back home.
[wake me up] Wake me up inside
[I can't wake up] Wake me up inside
[save me] Call my name and save me from the dark
[wake me up] Bid my blood to run
[I can't wake up] Before I come undone
[save me] Save me from the nothing I've become.
Now that I know what I'm without, you can't just leave me.
Breathe into me and make me real.
Bring me to life
  [chorus]
Bring me to life (I've been living a lie) [There's nothing inside]
Bring me to life

Frozen inside without your touch.
Without your love, darling.
Only you are the life among the dead.
[All of this sight, I can't believe, I couldn't see. Kept in the dark
but you where there in front of me]
I've been sleeping a 1000 years it seems.
I've got to open my eyes to everything.

von evanescence
CD "Fallen"

[without a thought
without a voice
without a soul]

[Don't let me die here
There must be something wrong]
Bring me to life
[chorus]
Bring me to life
[I've been living a lie] [There's nothing inside]
Bring me to life


```
von evanescence
CD "Fallen"
```

15.6.2002

Die ~~Lösung~~ Lösung:

Ich brauche nichts anderes zu tun, als einen Schwingungszustand des Geistes zu erreichen, der mit den Gesetzen der Liebe harmoniert. Dann werde ich den schon längst definierten und existierenden Raum erreichen, in dem die Sicherheit, die Freiheit und die Unantastbarkeit aller Seelen, die sich aus diesem scheren, garantiert ist.

Ein Raum, der ewigen Schutz bietet und nicht erobert werden kann. Wer gegen die Liebe ist fliegt raus, ohne das ein Kampf stattfindet, denn unerträglich wird es dann, möchte man mit Gewalt bleiben.

Ich müsste mich schon arg täuschen, aber ich habe das Gefühl, dass dieses eben beschriebene schon eine Ewigkeit gilt. Es war immer so, ist so, wird immer so sein. Und ganz blöde Kiste, ich bin auf den Weg und ihr könnt nicht folgen. Fett schmunzel......

29.6.2003

Und wird man eins mit den Regeln der Liebe, ist man sogar in den tiefsten Tiefen der Hölle in Sicherheit.

Das ernsthafte Bestreben des eigenen "Ich" nach dieser Liebe, ist jedoch eine unbedingte Voraussetzung. Vollkommenheit der Liebe Gottes, erreicht man nur als Teil des ganzen, seine Seele jedoch ständig zu verfeinern und nach Vollkommenheit zu streben, was spricht dagegen?

Die Lösung:

Ich brauche nichts anderes zu tun, als einen Schwingungszustand des Geistes zu erreichen, der mit den Gesetzen der Liebe harmoniert. Dann werde ich den schon längst definierten und existierenden Raum erreichen, in dem die Sicherheit, die Freiheit und die Unantastbarkeit aller Seelen, die sich auch danach sehnen, garantiert ist.

Ein Raum, der ewigen Schutz bietet und nicht erobert werden kann. Wer gegen die Liebe ist fliegt raus, ohne dass ein Kampf stattfindet, denn unerträglich wird es dann, möchte man mit Gewalt bleiben. Ich müsste mich schon arg täuschen, aber ich habe das Gefühl, dass dieses eben beschriebene schon eine Ewigkeit gilt.

Es war immer so, ist so, wird immer so sein. Und ganz klare Kiste, ich bin auf dem Weg und ihr könnt nicht folgen. Fett schmunzel........

Und wird man eins mit den Regeln der Liebe, ist man sogar in den tiefsten Tiefen der Hölle in Sicherheit. Das ernsthafte Bestreben des eigenen „Ich" nach dieser Liebe, der Liebe Gottes, ist jedoch eine unbedingte Voraussetzung. Vollkommenheit erreicht man nur als Teil des Ganzen, seine Seele jedoch ständig zu verfeinern und nach Vollkommenheit zu streben, was spricht dagegen?

16.6.2003

Wer bin ich? Was will ich? Was will ich von Dir? Vielleicht ist es gar nicht so gut jetzt nach einer Antwort zu suchen, obwohl es mich innerlich zerreist, denn ich will diese Antworten. Im Himmel wird man nicht verheiratet, doch will ich Dir treu bleiben, Dich nicht verletzen. Dir treu sein und Gott treu sein. Das muss gehen, denn bist Du in Gott bin ich doch beiden treu, oder? Ich habe schon ein paar Bilder vor Augen, möchte alle so lieben wie Dich. Ich sage es zur Zeit so ungern, ich brauche Deine Hilfe Vater, ich alleine schaffe das nicht es klar zu sehen. Doch in mir ist eine Kraft, die unablässig nach diesen Antworten forscht, so als müsste ich sie hier und jetzt schon finden. Erwarte das Unerwartete. Ich vermute es liegt an diesen Ketten, die mir an mir angelegt wurden und mich gefangen halten. Sie werden gesprengt, kein Bock mehr zu warten. Ich hab die Schnauze so voll. Ich werde versuchen nicht zu denken, lasse es auf mich zukommen, bis es soweit ist und ich auch sehen darf was Du siehst. Ich will die Herzen sehen, dennoch möchte ich zuerst in mein Herz sehen, mich nicht mit anderen messen. Sag du mir zuerst wer ich bin, wie Du mich siehst, nimm kein Blatt vor den Mund. Erkläre mir, wie diese abscheulichen Dinge in mir entstehen konnten. Noch Heute hoffe ich, dass nicht ich das war, doch wäre ich der, der ich jetzt bin, wäre es nicht so geschehen, wie es geschehen ist?

Wer bin ich? Was will ich? Was will ich von dir? Vielleicht ist es gar nicht so gut jetzt nach einer Antwort zu suchen, obwohl es mich innerlich zerreißt, denn ich will diese Antworten. Im Himmel wird man nicht verheiratet, doch will ich dir treu bleiben. Dich nicht verletzen. Dir treu sein und Gott treu sein.

Das muss gehen, denn bist du in Gott bin ich doch beiden treu, oder? Ich habe schon ein paar Bilder vor Augen, möchte alle so lieben wie dich. Ich sage es zur Zeit so ungern, ich brauche deine Hilfe Vater, ich alleine schaffe das nicht es klar zu sehen. Doch in mir ist eine Kraft, die unablässig nach diesen Antworten forscht, so als müsste ich sie hier und jetzt schon finden.

Erwarte das Unerwartete. Ich vermute es liegt an diesen Ketten, die mir angelegt wurden und mich gefangen halten. Sie werden gesprengt, kein Bock mehr zu warten. Ich hab die Schnauze so voll. Ich werde versuchen nicht zu denken, lasse es auf mich zukommen, bis es so weit ist und ich auch schon darf was du siehst. Ich will die Herzen sehen, danach möchte ich zuerst in mein Herz sehen, mich nicht mit anderen messen.

Sag du mir zuerst wer ich bin, wie du mich siehst, nimmt kein Blatt vor den Mund. Erkläre mir, wie diese abscheulichen Dinge in mir entstehen konnten. Noch heute hoffe ich, dass nicht ich das war, doch wäre ich der, der ich jetzt bin, wäre es nicht so geschehen, wie es geschehen ist?

23.6.2003

- Ich schaue in mich hinein, denn ich kenne mich gut. Ich sage dem Bösen den Kampf an und verwandle mich in positive Energie. Alle Elemente in meinem Körper wenden sich dem Licht der Wahrheit zu. Das ist mein Weg. Den ersten Schritt habe ich gerade gemacht. Nun lass ich los, ich verlasse den Hass, die Lüge, das Unrecht. Ganz gewiss wird Gott meine Bemühungen erkennen und mich in meinem Bestreben unterstützen. Nach und Nach – Stück für Stück.
- Die Kraft meiner Gedanken ist gewaltig. Manchmal sitze ich an einem Ort, in der Bahn, im Auto, im Büro und dann führen mich meine Gedanken in einen Traum. Die schönsten Bilder erscheinen vor meinem geistigen Auge, ich schalte einfach ab. Nichts ist unmöglich. Geht es mir schlecht, brauch ich nur in mich hineinzuhören, mich einfach fallen lassen. Das Gute in mir ist so stark, es hilft mir meine Ängste und Sorgen zu überwinden. Es führt mich direkt ins Licht, ganz automatisch. Ich bin nicht allein, denn nun ich strebe nach innerer Harmonie, Friede und Freiheit. Das gibt mir die Kraft meinen Weg ~~nicht zu verlassen~~. Weiterzugehen. Ich gehe mit Gottes Segen.

Ich schaue in mich hinein, denn ich kenne mich gut. Ich sage dem Bösen den Kampf an und verwandle mich in positive Energie. Alle Elemente in meinem Körper wenden sich dem Licht der Wahrheit zu. Das ist mein Weg. Den ersten Schritt habe ich gemacht. Nun lass ich los, ich verlasse den Hass, die Lüge, das Unrecht. Ganz gewiss wird Gott meine Bemühungen erkennen und mich in meinem Bestreben unterstützen. Nach und Nach – Stück für Stück.

Die Kraft meiner Gedanken ist gewaltig. Manchmal sitze ich an einem Ort, in der Bahn, im Auto, im Büro und dann führen mich meine Gedanken in einen Traum. Die schönsten Bilder erscheinen vor meinem geistigen Auge, ich schalte einfach ab. Nichts ist unmöglich. Geht es mir schlecht, brauche ich nur in mich rein zuhören, mich einfach fallen zu lassen. Das Gute in mir ist so stark, es hilft mir meine Ängste und Sorgen zu überwinden. Es führt mich direkt ins Licht, ganz automatisch. Ich bin nicht allein, denn nicht nur ich strebe nach innerer Harmonie, Friede und Freiheit. Das gibt mir die Kraft meinen Weg weiter zu gehen. Ich gehe mit Gottes Segen.

29.07.03

Ich muss ja schon sehr staunen, wie sich diese Welt in all ihrer prächtigen Vielfalt durch viele aberwitzige intolerante Seelen zum Ausdruck bringen möchte. Was aber kommt dabei heraus? In all so vielen Jahrtausenden haben die Menschen den Krieg und das Elend nicht beseitigen können. Doch wie ist das Zusammenspiel der technischen Entwicklung, die komplexen Strukturen eines sozialen Systems, die Entstehung/Vereinigung von Europa oder das Bedürfnis sich weltweit zu vereinigen - überhaupt möglich? Irgendwo muss die Liebe doch sitzen, denn wer sonst hält den Dreck zusammen? Doch stehen wir nicht alle an der Schwelle des Abgrundes? Ist es wirklich das Bestreben die Liebe zu vereinen, oder wird dies an das eigene Wohl gedacht, denn Macht und Reichtum waren und sind schon immer ein verlockender Reiz gewesen. Denken wir wirklich an die nächsten Generationen, an das Überleben der Menschheit, an die Nächstenliebe, an die Freude sein Leben mit anderen zu teilen? Ich selbst habe große Schwierigkeiten in jedem das Gute zu sehen. Mein Leben hat mich anderes gelehrt. Ich habe die Nase voll ständig angelogen und enttäuscht zu werden. Gott hat es da wirklich einfach, er hat die wunderbare Gabe, die Gedanken des Herzens zu sehen. Was für ein gigantischer Vorteil, im Gegensatz zu meinen Möglichkeiten andere einzuschätzen und beurteilen zu wollen. Kein Wunder, dass man so oft mit seiner Bewertung daneben liegt. Morde, die nicht danach aussehen, Betrug an jeder Ecke perfekt getarnt, Hinterlist in wunderschönen blauen Augen, neidische vorgetäuschte Freundlichkeit in der eigenen Familie. Kann mich mal bitte jemand aufwecken? Ich werde nicht aufgeben an diese wunderbare Liebe zu glauben, die uns Gott versprochen hat, auch wenn ich schon etliche Auseinandersetzungen mit diesem Gott heute mir habe. Ich bin

Ich muss ja schon sehr staunen wie sich die Welt in all ihrer prächtigen Vielfalt durch viele aberwitzige intolerante Seelen zum Ausdruck bringen möchte. Was aber kommt dabei heraus? In ach so vielen Jahrtausenden haben die Menschen den Krieg und das Elend nicht beseitigen können. Doch wie ist das Zusammenspiel der technischen Entwicklung, die komplexen Strukturen eines sozialen Systems, die Entstehung von Europa oder das Bedürfnis sich weltweit zu vereinigen überhaupt möglich?

Irgendwo muss die Liebe doch sitzen, denn wer sonst hält den Dreck zusammen? Doch stehen wir nicht alle an der Schwelle des Abgrunds? Ist es wirklich das Bestreben die Liebe zu vereinen, oder wird eher an das eigene Wohl gedacht, denn Macht und Reichtum waren und sind schon immer ein verlockender Reiz gewesen. Denken wir wirklich an die nächsten Generationen, an das Überleben der Menschheit, an die Nächstenliebe, an die Freude sein Leben mit anderen zu teilen?

Ich selbst habe große Schwierigkeiten in jedem das Gute zu sehen. Mein Leben hat mich anderes gelehrt. Ich habe die Nase voll ständig angelogen und enttäuscht zu werden. Gott hat es da wirklich einfach, er hat die wunderbare Gabe, die Gedanken des Herzens zu sehen. Was für ein gigantischer Vorteil, im Gegensatz zu meinen Möglichkeiten andere einzuschätzen und beurteilen zu wollen. Kein Wunder, dass man so oft mit seiner Bewertung daneben liegt. Mörder, die nicht danach aussehen, Betrug an jeder Ecke perfekt getarnt, Hinterlist in wunderschönen blauen Augen, neidische vorgetäuschte Freundlichkeit in der eigenen Familie.

Kann mich mal bitte jemand aufwecken? Ich werde nicht aufgeben an diese wunderbare Liebe zu glauben, die uns Gott versprochen hat, auch wenn ich schon etliche Auseinandersetzungen mit diesem Gott hinter mir habe.

ⓐ die Machtspiele der feigen Aufschneider, die Möchtegernkönige dieser Welt. Verstecken sich hinter ihren falschen Wertvorstellungen, über das Schicksaal anderer zu entscheiden ist ja auch viel bequemer und gibt einem obendrein so ein wunderbar befriedigendes Gefühl.

ⓑ Dann Wenn ich in der Lage bin andere Kulturen zu fühlen, zu begreifen, verstehen zu wollen, werde ich erkennen, dass ich überall ein zu Hause haben kann

ⓒ Vieles hat er uns schon preisgegeben. Wir müssen lernen unser Herz zu öffnen und zuzulassen.

a) die Machtspiele der feigen Aufschneider, die Möchtegernkönige dieser Welt. Verstecken sich hinter ihren falschen Wertvorstellungen. Über das Schicksal anderer zu entscheiden ist ja auch viel bequemer und gibt einem obendrein so ein wunderbar befriedigendes Gefühl.

b) wenn ich in der Lage bin andere Kulturen zu fühlen, zu begreifen, verstehen zu wollen, werde ich erkennen, dass ich überall ein zu Hause haben kann.

c) vieles hat er uns schon preisgegeben. Wir müssen lernen unser Herz zu öffnen und zuzuhören.

mit sich, es wird auch weiter gehen. Das ist so eine Eigenart von mir, der kleine Rebell, ein Freak, der der die Langeweile und Eintönigkeit hasst. Nun ist aber jeder einzelne auch anders gestrickt, dieselbe Situation gemeinsam erlebt, wird von jedem unterschiedlich aufgenommen und interpretiert. Das ist ein Punkt, bei dem es anzusetzen gilt, um eine friedliche Einheit der verschiedenen Seelen anzustreben. In der Liebe existieren unbesiegsame Grundregeln, an denen wird nicht gerüttelt und Gott ist derjenige, der diese definiert. Viele Religionen behaupten von sich, die absolute Wahrheit in sich zu tragen. Für Christen ist Jesus die einzige Wahrheit, Muslime verehren den Propheten, Buddhisten gehen den Pfad der Erleuchtung. Chinesen haben eine starke Bindung zum Kosmos, Hinduisten verehren Tiere, Indianer befragen ihre Ahnen, Naturvölker, sind eins mit der Natur..... und so geht das weiter und weiter.

Und was ist mit Gott? Ihm ist alles bekannt, er sieht nicht nur einfach zu, er spricht alle Sprachen und fühlt alles Leben das er schuf. In jedem einzelnen.

Da könnte ich doch in einer Moschee mit Gott reden, ich könnte die buddhistische Lebensweise annehmen, ich könnte Tiere verehren und achten, ich könnte mich in einem Hinduistischen Tempel reinigen, ich könnte tibetanische Meditation einnehmen; ich kann glauben, ich kann die Liebe in mir wachsen lassen ich könnte auch als Evangelist ein Katholisches Abendmahl feiern und umgekehrt.

Es gibt verschiedene Sichtweisen von Gott, doch ist es nicht ein und dasselbe? Was wäre das für ein Gott, der nur Trotteis bauen würde?

Ich bin mir sicher, es wird auch weitere geben. Das ist so eine Eigenart von mir, der kleine Rebell, ein Freak, der die Langeweile und Eintönigkeit hast. Nun ist aber jeder einzelne auch anders gestrickt, dieselbe Situation gemeinsam erlebt, wird von jedem unterschiedlich aufgenommen und interpretiert. Das ist ein Punkt, bei dem es anzusetzen gilt, um eine friedliche Einheit der verschiedenen Seelen anzustreben.

In der Liebe existieren unbeugsame Grundregeln. An denen wird nicht gerüttelt und Gott ist derjenige, der diese definiert. Viele Religionen behaupten von sich die absolute Wahrheit in sich zu tragen. Für Christen ist Jesus die einzige Wahrheit, Muslime verehren den Propheten, Buddhisten gehen den Pfad der Erleuchtung. Chinesen haben eine starke Bindung zum Kosmos. Hinduisten verehren Tiere, Indianer befragen ihre Ahnen, Naturvölker sind eins mit der Natur………und so geht das weiter und weiter. Und was ist mit Gott? Ihm ist alles bekannt, er sieht nicht nur einfach zu, er spricht alle Sprachen und fühlt alles Leben das er schuf. In jedem einzelnen.

Da könnte ich doch in einer Moschee mit Gott reden, ich könnte buddhistische Lebensweisen annehmen, ich könnte Tiere verehren und achten, ich könnte mich in einem hinduistischen Tempel reinigen, ich könnte die Natur bewundern, ich könnte tibetanische Medizin einnehmen, ich kann glauben, ich kann die Liebe in mir wachsen lassen, und und und………

Ich könnte auch als Evangelist ein katholisches Abendmahlfeiern und umgekehrt. Es gibt verschiedene Sichtweisen von Gott, doch ist es nicht ein und dasselbe? Was wäre das für ein Gott, der nur Trabbis bauen würde?

4.09.03

. die Liebe, das Leben, darf niemals untergehen.
Die Verteidigung und Erhaltung dieser Wahrheit
ist bitterer Ernst. Dabei spielt es keine Rolle,
in welcher Umgebung man sich befindet. Es gibt
immer einen Weg, eine Verhaltensweise, die
grundsätzlich grösser als der Hass ist. Ich ~~~~
~~~~ bitte ~~~~ und hoffe, ~~~~ dass ich,
falls nötig, diese Lasten tragen kann.
Mögen ~~~~ sich meine Ängste niemals wahrhaftig
ereignen. Ich schäme mich nicht, dieses zuzugeben.
~~~~~~
~~~~~~
~~~~~~~~~~~~~~~~~~~~ Mit mir hast Du
jemanden gefunden, der den Hass nicht siegen
und auferstehen lässt. Unrecht Ade......

Die Liebe, das Leben darf niemals untergehen. Die Verteidigung und Erhaltung dieser Wahrheit ist bitterer Ernst. Dabei spielt es keine Rolle, in welcher Umgebung man sich befindet. Es gibt immer einen Weg, eine Verhaltensweise, die größer als der Hass ist.

Ich bitte und hoffe, dass ich falls nötig diese Lasten tragen kann. Mögen sich meine Ängste niemals wahrhaftig ereignen. Ich schäme mich nicht dieses zuzugeben. Mit mir hast du jemanden gefunden, der den Hass nicht regieren und auferstehen lässt. Unrecht Ade............

04.09.03

Das tiefe hohle Loch im Kopf.
Abgestumpft.
Leer.
Lachen vermischt sich mit Weinen.
Die Musik so schön,
Doch prallt sie ab.
Meine Absichten sind mir nicht bekannt.
Ich könnte auch an Dir vorbeilaufen.
Es tut es alles gleich weh.
Will zugeknallt sein mit fetter abgefahrener Liebe.
Nicht nachdenken müssen, ob es richtig oder falsch ist.
Einfach wissen und fühlen es ist voll in Ordnung.
Bin ich wirklich so ne dumme Lutsche?
Oder tu ich nur so und warte bis mir alles zufliegt?
Ist es wirklich so anstrengend sich zu entwickeln?
~~Jeviele Schrauben~~
~~Schraubt da jemand~~ in meinen Sinne rum?
~~Darf der das?~~ Dürfen die das?
Habe ich das erlaubt?
~~Ach ja~~ Wenn das öfters vorkommt, so zu leben, dann......
Muss sich unbedingt etwas ändern.
Das kann ja wohl nicht der Sinn sein.   Timo

Das tiefe hohle Loch im Kopf.

Abgestumpft.

Leer.

Lachen vermischt sich mit weinen.

Die Musik so schön,

Doch prallt sie ab.

Meine Absichten sind mir nicht bekannt.

Ich könnte auch an dir vorbei laufen.

Es tut eh alles gleich weh.

Will zugeknallt sein mit Fetter abgefahrener Liebe.

Nicht nachdenken müssen, ob es richtig oder falsch ist.

Einfach wissen und fühlen es ist voll in Ordnung.

Bin ich wirklich so ne dumme Lutsche?

Oder tue ich nur so und warte bis mir alles zufließt?

Ist es wirklich so anstrengend sich zu entwickeln?

Wie viele Schrauben in meiner Birne rum?

Dürfen die das?

Habe ich das erlaubt?

Wenn das öfter vorkommt, so zu leben, dann……..

Muss sich unbedingt etwas ändern.

Das kann ja wohl nicht der Sinn sein.

20.09.03

Warum Du das da sitzt? Iss mir doch scheiß egal.
Warum pupt die Puppe? Könnte sie das zu jeder Jahreszeit?
Herr Schnitzler war neulich im Cafe und landete einen Riesen
Treffer. Er versagte vorgestern während eines Bestattungsrituals.
Dabei verletzte er sich am Finger an einer Dorne der
Rose, die er ins Grab schmiss. Das ist sein Erkennungszeichen,
der verbundene Finger. Was sagt die Uhr? Tot........
Alle Tot......... schmunzel in die Leere..... Sicherheit∞
—————— Wieso ich? Wieso nicht Du?
HoHo HoHo HaHa Ha Ha, wie abgefahren, Loch ganz
fett in den Abend rein

So ein Blitz ist die halbe Ewigkeit und noch viel mehr
15.07.04
Von Angst keine Spur, aber für Dich wäre es kein Problem sie in mir
zu wecken, ganz egal wie alt ich bin und welche Erfahrungen ich in dieser Zeit
gemacht habe. Ich stehe zu meinen Ängsten.

Warum du da sitzt? Ist mir doch scheißegal. Warum pupt die Pupe? Könnte sie das zu jeder Jahreszeit? Herr Schnitzler war neulich im Café und landete ein Riesen Treffer. Er versagte vorgestern während eines Bestattungsrituals.

Dabei verletzte er sich am Finger an einer Dorne oder Rose, die er ins Grab schmiss. Das ist sein Erkennungszeichen, der verbundene Finger. Was sacht die Uhr? Tod............ alle Tod...... schmunzel in die Leere.............Sicherheit.

Wieso ich? Wieso nich du? Hoho Hoho HaHa Ha Ha, wie abgefahren, lach ganz fett in den Abend rein.

So ein Blitz ist die halbe Ewigkeit und noch viel mehr.

Von Angst keine Spur, aber für dich wäre es kein Problem sie in mir zu wecken, ganz egal wie alt ich bin und welche Erfahrungen ich in dieser Zeit gemacht habe.

Ich stehe zu meinen Ängsten.

29.09.03

Muss ich dazu etwas sagen? Ich habe es keinen klaren Gedanken mehr. Ich versuche so gut es eben geht an einem Ziel festzuhalten. Nur an welchem? Nichts erscheint wichtig. Der Gedanke nur Du und ich ... das tut so weh, wenn nur Du es bist. Ich sehe schon, wie ich mich hingebe, nur weil mein Traum so stark ist. Das darf ich nicht zulassen. Lieber möchte ich alles kaputt machen. Was für ein krankes einseitiges Trauma. Ständig diese unausgeglichene & ungelebte Sexualität in mir. Das kann es doch nicht sein, oder? Ja, ich hatte diesen Traum. Doch ist er zerstört. Ich ekel mich vor Dir. Es ist einfach zuviel. Viel zuviel. So stirbt die Liebe. Kein Vertrauen mehr, nur noch ganz ganz wenig. Ich möchte, kann aber nicht. Ich möchte euch alle los werden. Ich will das ihr für alles bezahlen müsst. So werde ich nicht leben. Es gibt einen Weg, der mich vor dieser Existenz bewahren wird. Ich werde ihn finden. Du hast mich bitter enttäuscht. Du selbst weisst, dass Du mich hingerichtet hast. Ich werde mich für meine Schreie und mein Verhalten nicht mehr entschuldigen. Wie schrecklich, wenn Du es bist.
Wie schrecklich, wenn Du es nicht bist.
Das was mich umgibt, ist wahrhaftig das Böse, lebendig und grausam. Meine Waffe? Der Schmerz........
und die Hoffnung, dass es für Dich zu groß wird.
Dann ist es vorbei. Und was dann? Friede, Freude, Eierkuchen? Glaub ich nicht............... .

Muss ich dazu etwas sagen? Ich habe eh keinen klaren Gedanken mehr. Ich versuche so gut es eben geht an einem Ziel festzuhalten. Nur an welchem? Nichts erscheint wichtig. Der Gedanke nur du und ich...... das tut so weh, wenn du es bist. Ich sehe schon wie ich mich hingebe, nur weil mein Traum so stark ist. Dass darf ich nicht zulassen, lieber möchte ich alles kaputt machen.

Was für ein kranker einseitiger Traum. Ständig diese unausgeglichene ungelebte Sexualität in mir. Das kann es doch nicht sein, oder? Ja, ich hatte diesen Traum. Doch ist er zerstört. Ich ekel mich vor dir. Es ist einfach zu viel. Viel zu viel. So stirbt die Liebe. Kein Vertrauen mehr, nur noch ganz ganz wenig. Ich möchte, kann aber nicht. Ich möchte euch alle los werden. Ich will das ihr für alles bezahlen müsst. So werde ich nicht leben.

Es gibt einen Weg der mich vor dieser Existenz bewahren wird. Ich werde ihn finden. Du hast mich bitter enttäuscht. Du selbst weißt, dass du mich hingerichtet hast. Ich werde mich für meine Schreie und mein Verhalten nicht mehr entschuldigen. Wie schrecklich wenn du es bist. Wie schrecklich wenn du es nicht bist. Das was mich umgibt ist wahrhaftig das Böse, lebendig und grausam. Meine Waffe? Der Schmerz............

und die Hoffnung, dass es für dich zu groß wird. Dann ist es vorbei. Und was dann? Friede Freude Eierkuchen? Glaub ich nich............................

30.09.03

Tach Du Puze. Wieso ich so witzlos bin? Wieso bist du es? Will nich mehr mit dir reden. Will Dich endlich zu fassen kriegen, weil ich kann es nich fassen, was hier geschieht. Habe versucht, krass mit aller Gewalt, den Sinn festzuhalten. Der Sinn, dass alles seinen Sinn hat, dass ich Schuld trage, bezahlen muss. Da furz mir doch mal einer ins Gesicht...... Ich sehe nur noch Unsinn. Kein Gott, ich Lieber Gott, der mir das erklärt. Immer nur warten, warten, warten. Du musst mir vertrauen .... Fursten kann so schön sein, wenn man nicht alleine ist. Denn nur ein geteilter Furz ist ein halber Furz. Wusstest Du schon, dass ich Dich auch Hasse, dass ich überlege, es in Erwägung ziehe. Du müsstest für so einiges gerade stehen? Schön, dass ich auseinandergesetzt werde, ohne den Sinn zu erkennen. Aber so lauten dann wohl die ewigen Gesetze der Liebe. Bin mal gespannt, wie die echten Paragraphen aussehen, wie du sie persönlich formulierst. Jede Tat hat seinen Preis, fein säuberlich aufgelistet in dem Buch der Vergehen. 1 Böses Wort 2 Stunden Keine Antwort, 1 mal Oma verarscht 3 km Umwege 3 Stunden Schweigen, Diebstahl bei Versicherung, 1/2 Jahr keine Zoni Cheri mehr, Bewusst betrogen → etc. etc. etc. Alles schon erlebt? Findest Du immer jemanden, der Kacke baut, damit Dein Katalog vollgeschrieben ist? Will dir ganz dolle weh tun. Ehrlich. Mach das nochmal mit mir ——— dann hau ich ab. Auf solche Leben bin ich nich scharf. Ich weiß nich, was du von mir willst. Treue, Liebe usw → iss doch alles Tot Musst Dir gesundes anderes sowas einen Anderen suchen. Auf mich kannst du nicht mehr zählen.

Tach du Pupe. Wieso ich so witzlos bin? Wieso bist du es? Will nicht mehr mit dir reden. Will dich endlich zu fassen kriegen, weil ich kann es nicht fassen was hier geschieht. Habe versucht das mit aller Gewalt den Sinn festzuhalten. Der Sinn, dass alles seinen Sinn hat, dass ich die Schuld trage, bezahlen muss. Da Furz mir doch mal einer ins Gesicht......Ich sehe nur noch Unsinn. Kein lieber Gott der mir das erklärt.

Immer nur warten warten warten. Du musst mir vertrauen... Furzen kann so schön sein, wenn man nicht alleine ist. Denn nur ein geteilter Furz ist ein halber Furz. Wusstest Du schon dass ich dich auch hasse, dass ich überlege, es in Erwägung ziehe. Du müsstest für so einiges gerade stehen? Schön das ich auseinandergefetzt werde ohne den Sinn zu erkennen. Aber so lauten dann wohl die ewigen Gesetze der Liebe.

Bin mal gespannt wie die echten Paragraphen aussehen, wie Du sie persönlich formulierst. Jede Tat hat seinen Preis, fein säuberlich aufgelistet in dem Buch der Vergehen. Ein böses Wort 2 Stunden keine Antwort, einmal Oma verarscht 3 km Umwege 3 Stunden schweigen, Diebstahl bei Versicherung ein halbes Jahr keine Mon Cheri mehr, bewusst betrogen-----------> et cetera et cetera et cetera. Alles schon erlebt?

Findest du immer jemanden der Kacke baut damit dein Katalog voll geschrieben ist? Will dir ganz dolle weh tun. Ehrlich. Mach das nochmal mit mir --------------dann hau ich ab. Auf solche Leben bin ich nicht scharf. Ich weiß nicht was du von mir willst. Treue, Liebe usw. -----------> iss doch alles Tot. Musst dir einen anderen suchen. Auf mich kannst du nicht mehr zählen.

Lieber Gott   12.11.2003

Was soll ich noch großartig sagen. Ich habe mich mehr als nur einmal getäuscht. Und zwar in allem und jedem. Du weißt, welches Chaos mich hier umgibt. Und ich hatte nichts besseres zu tun, als immer nur Dich für alles verantwortlich zu machen. Sicher, Du hast diesen Weg für mich bereitet, aber nicht, um mir Schaden zuzufügen. Ich kenne Deine Liebe nur so weit ich sie fassen kann. Das ist nicht sonderlich viel. Ich möchte nicht, dass Dir jemals irgend jemand was antun kann. Das was ich bisher von dir weiß, ist unsagbar schön. Du bist es, der alles mit Leben und Liebe erfüllt. Du bist der Sinn allen Ursprungs. Ohne Dich hört alles auf zu existieren. Bitte entschuldige meine Ausfälle und Anschuldigungen Dir gegenüber in dieser für mich schweren Zeit. Ich möchte Dich nicht beleidigen. Sicher weißt Du das bereits alles. Aber ich sage es trotzdem. Ich sehne mich so sehr nach Deiner Liebe und Wärme, nach Frieden, Ruhe und Freiheit. Du bist mir auch bitte nicht böse, dass ich so auf ███ fixiert bin. Ich liebe sie so sehr. Ich kann nicht ohne sie leben. Vielleicht, nein bestimmt geht es mir bald auch so mit anderen, die bei Dir wohnen. Schön wäre es, aber dann fällt es mir nicht leicht, mir das vorzustellen. Ich muss wohl erst noch da reinwachsen. Wie auch immer, ich möchte alles böse in mir ablegen. Diese Zeit soll eine bittere Lehre gewesen sein, die ich bestimmt nie vergessen werde. Hilf mir bitte, dass ich immer in Deiner Liebe bleibe. Ich freue mich schon so sehr, wenn das hier alles endlich zu Ende hat ....

Lieber Gott

Was soll ich noch großartig sagen. Ich habe mich mehr als nur einmal getäuscht. Und zwar in allem und jedem. Du weißt welches Chaos mich umgibt. Und ich hatte nichts besseres zu tun, als immer nur dich für alles verantwortlich zu machen. Sicher, Du hast diesen Weg für mich bereitet, aber nicht, um mir Schaden zuzufügen. Ich kenne deine Liebe nur so weit ich sie fassen kann. Das ist nicht sonderlich viel.

Ich möchte nicht das dir jemals irgend jemand was antun kann. Das was ich bisher von dir weiß ist unsagbar schön. Du bist es der alles mit Leben und Liebe erfüllt. Du bist der Sinn allen Ursprungs. Ohne dich hört alles auf zu existieren. Bitte entschuldige meine Ausfälle und Anschuldigungen dir gegenüber in dieser für mich schweren Zeit. Ich möchte dich nicht beleidigen.

Sicher weißt du das bereits alles. Aber ich sage es trotzdem. Ich sehne mich so sehr nach deiner Liebe und Wärme, nach Frieden, Ruhe und Freiheit. Du bist mir auch bitte nicht böse, dass ich so auf   fixiert bin. Ich liebe sie so sehr. Ich kann nicht ohne sie leben. Vielleicht, nein bestimmt geht es mir bald auch so mit anderen die bei dir wohnen.

Schön wäre es, aber dann fällt es mir nicht leicht mir das vorzustellen. Ich muss wohl erst noch da rein wachsen. Wie auch immer, ich möchte alles böse in mir ablegen. Diese Zeit soll eine bittere Lehre gewesen sein, die ich bestimmt nie vergessen werden. Hilf mir bitte, dass ich immer in deiner Liebe bleibe. Ich freue mich schon so sehr, wenn das hier alles endlich ein Ende hat..................

keine Antriebe mehr! Alleine
flehendes Gejammer es ist viel zu schwer Schutzlosigkeit
Wer ist wer? Verständnislosigkeit Wie geht es mir weiter? ohne Dich habe ich keine Chance
Viele Tränen Leid nicht mehr weiter eingebrochen Willi nicht mehr, ich kann nicht! Jetzt glaube an... Quel man hängt in der Luft und ist willenlos
Hoffnungslosigkeit rückt manchmal sehr nahe Wo ist nur endlich die Rettung? Bitte hilf mir... Zeitnot heftig Rettungsleine jetzt wird's richtig schlimm Verzögerung
distanziert hat... es ist viel zu viel, ich bin so klein Ausweglosigkeit Wo ist der Weg? Schwere Zeit Unterbrechung Schmerzen
Sch__r und eingefroren Kummer/Arbeitsunlust fehlende Liebe Zeitstillstand ich habe versagt Willenlosigkeit Schwacher Glaube
Not Nostalgie/ das ist schon zu viel Finsternis Zweifelsch Gefangnis Zweifel ←→ Demut Angst kleines
Sehnsucht Einsamkeit... schwillig Einsamkeit
Verzweiflung
Kummer Einöde unerträglich... Leere Ich bin am Ende...
es gleicht Bitte hilf... man kann es nicht schaffen, unmöglich
unerträglich

bitte lass mich nach Hause kommen bitte lass mich nach Hause kommen bitte lass mich nach Hause kommen bitte lass mich nach Hause kommen bitte lass mich nach Hause kommen bitte lass mich nach Hause kommen bitte lass mich nach Hause kommen bitte lass mich nach Hause kommen bitte lass mich nach Hause kommen bitte lass mich nach Hause kommen bitte lass mich nach Hause kommen bitte lass mich nach Hause kommen bitte lass mich nach Hause kommen bitte lass mich nach Hause kommen bitte lass mich nach Hause kommen bitte lass mich nach Hause kommen bitte lass mich nach Hause kommen bitte lass mich endlich nach Hause kommen

bitte aufhören aufhören aufhören

Wir werden das gemeinsam überstehen Wir werden das gemeinsam überstehen
Wir werden das gemeinsam überstehen Wir werden das gemeinsam überstehen Wir
werden das gemeinsam überstehen Wir werden das gemeinsam überstehen wir werden
das gemeinsam überstehen wir werden das gemeinsam überstehen wir werden das gemein
sam überstehen wir werden das gemeinsam überstehen wir werden das gemeinsam über
stehen wir werden das gemeinsam überstehen wir werden das gemeinsam überstehen wir
werden das gemeinsam überstehen wir werden das gemeinsam überstehen wir werden
das gemeinsam überstehen wir werden das gemeinsam überstehen wir werden das gemeinsam
überstehen wir werden das gemeinsam überstehen wir werden das gemeinsam überstehen
wir werden das gemeinsam überstehen wir werden das gemeinsam überstehen wir werden das
gemeinsam überstehen wir werden das gemeinsam überstehen wir werden das gemeinsam
überstehen wir werden das gemeinsam überstehen wir werden das gemeinsam überstehen wir
werden das gemeinsam überstehen wir werden das gemeinsam überstehen wir werden das
gemeinsam überstehen wir werden das gemeinsam überstehen wir werden das gemeinsam
überstehen wir werden das gemeinsam überstehen wir werden das gemeinsam überstehen
wir werden das gemeinsam überstehen wir werden das gemeinsam überstehen wir werden
das gemeinsam überstehen wir werden das gemeinsam überstehen wir werden das gemeinsam
überstehen wir werden das gemeinsam überstehen wir werden das gemeinsam überstehen
wir werden das gemeinsam überstehen wir werden das gemeinsam überstehen wir werden
das gemeinsam überstehen wir werden das gemeinsam überstehen wir werden das gemeinsam
überstehen wir werden das gemeinsam überstehen wir werden das gemeinsam überstehen
wir werden das gemeinsam überstehen wir werden das gemeinsam überstehen wir wer
den das gemeinsam überstehen wir werden das gemeinsam überstehen wir werden das gem
einsam überstehen wir werden das gemeinsam überstehen wir werden das gemeinsam überstehe
wir werden das gemeinsam überstehen wir werden das gemeinsam überstehen wir werden das
gemeinsam überstehen wir werden das gemeinsam überstehen wir werden das gemeinsam über
stehen wir werden das gemeinsam überstehen wir werden das gemeinsam überstehen wir werde
das gemeinsam überstehen wir werden das gemeinsam überstehen wir werden das gemeinsam
überstehen wir werden das gemeinsam überstehen wir werden das gemeinsam überstehen wir
werden das gemeinsam überstehen wir werden das gemeinsam überstehen wir werden
das gemeinsam überstehen wir werden das gemeinsam überstehen wir werden das gem
einsam überstehen wir werden das gemeinsam überstehen wir werden das gemeinsa
überstehen wir werden das gemeinsam überstehen wir werden das gemeinsam überstehe
wir werden das gemeinsam überstehen wir werden das gemeinsam überstehen wir werden
das gemeinsam überstehen wir werden das gemeinsam überstehen wir werden das gemeinsa
überstehen wir werden das gemeinsam überstehen wir werden das gemeinsam über
stehen wir werden das gemeinsam überstehen wir werden das gemeinsam überstehen wir
werden das gemeinsam überstehen wir werden das gemeinsam überstehen wir werden das

ich flehe Dich an lass gut sein bitte lass gut sein Lieber Gott bitte lass gut sein Lieber Gott bitte lass gut sein Lieber Gott bitte lass gut sein Lieber Gott bitte lass gut sein Lieber Gott bitte lass gut sein Lieber Gott bitte lass gut sein Lieber Gott bitte lass gut sein Lieber Gott bitte lass gut sein Lieber Gott bitte lass gut sein Lieber Gott bitte lass gut sein Lieber Gott bitte lass gut sein Lieber Gott bitte lass gut sein Lieber Gott bitte lass gut sein Lieber Gott bitte lass gut sein Lieber Gott Verzeihung Verzeihung Verzeihung Verzeihung Verzeihung Verzeihung verzeih mir bitte verzeih mir bitte vergib mir bitte vergib mir bitte vergib mir bitte vergib mir bitte vergib mir bitte vergib mir bitte vergib mir bitte vergib mir bitte vergib mir bitte beschützt seist Du in alle Ewigkeit beschützt und behütet seist Du bis in alle Ewigkeit beschützt und behütet seist Du bis in alle Ewigkeit beschützt und behütet seist Du bis in alle Ewigkeit beschützt und behütet seist Du bis in alle Ewigkeit beschützt und behütet seist Du bis in alle Ewigkeit beschützt und behütet seist Du bis in alle Ewigkeit beschützt und behütet seist Du bis in alle Ewigkeit beschützt und behütet seist Du bis in alle Ewigkeit

Ich halte diese Kälte nicht mehr aus Ich halte diese Kälte nicht mehr aus Ich halte diese Kälte nicht mehr aus Ich halte diese Kälte nicht mehr aus Ich halte diese Kälte nicht mehr aus Ich halte diese Kälte nicht mehr aus Ich halte diese Kälte nicht mehr aus Ich halte diese Kälte nicht mehr aus Ich werde diese Kälte überstehen Ich werde diese Kälte überstehen Ich werde diese Kälte überstehen Ich werde diese Kälte überwinden Ich werde diese Kälte überstehen Ich werde diese Kälte überstehen Ich werde diese Kälte überstehen Ich werde diese Kälte überstehen Ich werde diese Kälte überstehen Ich werde diese Kälte überstehen Ich werde diese Kälte überwinden

Bitte hol mich hier raus bitte hol mich doch endlich hier raus bitte so hol mich doch endlich

Wir werden das gemeinsam überstehen Wir werden das gemeinsam überstehen

bitte nicht mehr weitermachen bitte

Wer bin ich?

Was steckt in mir?

Wie wirke ich auf andere?

Die Lichter...

Did my time

Dein Herz ist sicher in meiner Hand

Wir sind noch nicht so weit

Der Hass musste ausziehen

Hier trennen sich unsere Wege

Steine

Stromausfall

Ich liebe Dich auch, der Du mein Papa gewesen bist.

Du wirst jetzt da los geschickt

der kleine Eisbär

Wenn du aussteigst, dein Blick ist weiß und warm

einfach magisch

new born

rules

come

Erlösung

Niemand sonst

Stiefkindzählerin

mein Herz macht Luftsprünge

das Kritschn

die Wärme

hörst du mein Herz, hörst du

an mir, es ist das Herz des Herakles

zerbricht, wenn man vor ihm spricht

ich liebe Dich sooo sehr!

überall...

Du sind, also bleib krass...

und dann? Sonnenstein...

Du weißt, dass wir unten mit Dir sind, also bleib krass...

cash

geschafft

Divided

Kisses of the sun

tatsächlich.....Liebe

Vater Himmel vergib mir bitte.

WT

Das wollte ich doch nicht!

es tut mir so leid..... Verzeihung

power + emotion

you're a child of god

and that will never change

Kleider machen Leute, jetzt wird sich ausgezogen

deine Tränen...

...dann wird es vorbei sein

Gott, wie ich Dich vermisse.

Verzeih mir Lieber Gott.

Ich will Dich auch so innig Lieben

aber Du bist so riesig! so gewaltig.

Ich möchte Dich lieben lernen.

Bitte nicht mehr weiter so quälen. Bitte...

Ein Geschenk für alle

die Rettung steht vor der Tür

Praxis-Küchen-Kleid

und das Leben beginnt

Pop und Weg

Bitterer Zynismus...
das ist bitter...
nicht in Ehre halten konnte, sollte er entäuscht gehen.
Du bist alles für mich

ich kenne nichts, dass so schön ist wie Du

und keiner der noch fehlt .....

I'm a victim of your smile

alles wird gut   Bitte......

Purificato — noch bevor ich wusste, wer ich bin

follow this is only one thing you should know

Bring me to life   Wir haben alles Gute vor uns,
alles Schlechte geht vorbei

kept in the dark, but you were there in front of me

geheiligt werde
Dein Name   Der Weg   Bitte Frieden   Timo, Atacke

wir haben uns verzweifelt geliebt   Numb

return again, return to the Land of your soul

forgiven Gottes Geschenk   Die Bombe explodiert, vielleicht
                              wirst Du kapieren .....

we come one

wen der Vater liebt, den züchtigt er (verzeih mir
Time to say goodbye (an einem Ostersonntag) bitte ...)

denn Dein ist das Reich und die Kraft und die

Herrlichkeit in Ewigkeit Amen   Mein Schnuffpuff

no more, no more of this, this crazy shit, no more

für Dich schiebe ich die Wolken weiter   Sonne
                                         so nannte ich Dich
                                         von Anfang an

ich lass Dich nie mehr alleine, das ist Dir hoffentlich klar

there is a new star in my sky   Ich liebe Dich soooo seh/
                                                    XOXO

was willst Du nur von mir? → iss mehr los

vertical margins:
dieser Spuk ist bald vorbei   Blitz   Bald und wir sind frei   Dir schenke ich mein ganzes Herz   Alles neu   Timo, Du wirst noch so schöne Zeiten erleben

Ich bin's, Dein himmlischer Engelchen Lichtengele

auch Zitate von Xavier Naidoo, evanescence, Herbert Grönemeyer, sylver, faithless, ebenso die nächste Seite

Ich kenne nichts das, das so schön ist wie du.
Und keiner der noch fehlt..........Bald und wir sind frei.
I`m a victim of your smile. Alles neu.
Alles wird gut. Bitte......Dir schenke ich mein ganzes Herz.
Purificato ---------- noch bevor ich wusste wer ich bin.
Follow this is only one thing you should know.
Bring me to live. Dieser Spuk ist bald vorbei.
Wir haben alles Gute vor uns, alles schlechte geht vorbei.
Kept in the dark, but you were there in front of me.
Geheiligt werde dein Name. Der Weg. Bitte Frieden.
Wir haben uns verzweifelt geliebt. Numb. Timo, Attacke.
Return again, return to the land of your soul.
Forgiven. Gottes Geschenk. Die Bombe explodiert, vielleicht wirst Du kapieren. We come one.
Wen der Vater liebt, den züchtigt er (Verzeih mir bitte....).
Time to say good bye (an einem Ostersonntag).
Denn dein ist das Reich und die Kraft und die Herrlichkeit in Ewigkeit Amen. Mein Schnuffpuff. No more, no more of this, this crazy shit, no more. Für dich schiebe ich die Wolken weiter. Ich lass dich nie mehr alleine, dass ist dir hoffentlich klar. There is a new star in my sky. Was willst du nur von mir------ iss mehr los. Ich liebe dich sooo sehr. xoxo

bist bemüht und wirst beneidet von allen

und ich sollte dir noch sagen, dass Ich der Himmel es nicht zulassen wird, dass sie dich endgültig schlagen, weil du bist es nicht allein...

einfach magisch

Ihr wolltet mich getreten wie einen Wurm.
dass dem konnte ich entgehen...

Ihr werdet das sein, wenn Du nach mir fragst

Du meinst es nur gut mit mir
Du willst nur mein Bestes

Ein Schiff das deinen Namen trägt ist ein Schiff ohne Wiederkehr.

es tut mir sehr sehr leid, das was mir soviel Kraft gegeben hat in tiefer schwerer Not, habe ich zerrissen und weggebracht. Bitte vergib mir diese Abtat jetzige Tat in blinder Wut begangen. Ich liebe und verehre verehre dich allerliebster Vater im Himmel. Mir liegt es fern dich zu beschmutzen, Dir zu schaden, dich zu verachten. Du bist doch mein zu Hause. Ich habe kein anderes zu Hause.

Dir schenke ich mein ganzes Herz.

Sie wissen was auf sie zukommt und schreien dürfen sie erst im Fluß, dann schreien alle mit.

ich werde all das tun, was du sagst werde für dich da sein, wenn du nach mir fragst

Dein Blick, als du am Boden saßt und ich spielte das Herz, dass du mir zeigtest, als ich fern saß.

Überleg nicht lange, wenn ich vor dir stehe und zu dir sage, dass ich nur mit dir gehe ich sing dich nach Hause bis dahin gönn ich mir Zeit...

cartoon, kleine Lichterposten
der dunkle Wald vollständig verbrannt
so much hope
in so much pain

Es tut mir leid, dass ich selbst in dir das abgrundtief Böse gesehen habe. das ist aber nicht so. Du bist die Liebe in immerwährender Ewigkeit.

verzeih mir, aber dieses sag ich nochmal deinen Namen zu nennen ist wohl das Schönste was ich sag.

before you want to coming up you have got to get down

das Fest in der goldenen Stadt als ins neue zu Hause

Endlich ruhige Nächte
Deine lachende Grimasse hinter meinem Rücken

himmlisch einfach

ja, wer weiß, vielleicht heiraten wir das noch vorm lieben Gott...

Alles muss raus

Endspurt

Alles muss rein
...sonst siehst du den Sternenhimmel nicht, für dich dich ist so lang an das Ende, bis du wieder bei mir bist. für dich mach ich jeden Tag unendlich, für dich bin ich noch heller als das Licht. Für dich sein und schrei und lach und leb ich. Und das alles nur für dich!

all diese Mühen von dir, wenn alles vergebens wäre? Lesen, dass du erschaffen gehört immer zu dir...

Bist bemüht und wirst benutzt von allen. Und ich soll dir noch sagen, dass der Himmel es nicht zulassen wird, dass sie dich endgültig schlagen, weil du bist es nicht allein... einfach magisch..... im Keller brennt hell das Licht........ wo willst du hin, denn es macht jetzt keinen Sinn von mir fortzugehen. Ich halt dich fest.

Weißt Du noch als du neben mir in der Sonne lagst....ich werde da sein wenn du nach mir fragst..... ihr wolltet mich zertreten wie einen Wurm, doch dem konnte ich entgehen. Du meinst es nur gut mit mir. Du willst nur mein Bestes..... ein Schiff das deinen Namen trägt ist ein Schiff ohne Wiederkehr. Die schenke ich mein ganzes Herz. Sie wissen was auf sie zukommt und schreien dürfen sie erst im Fluss, dann schreien alle mit.

Es tut mir sehr leid, dass was mir so viel Kraft gegeben hat in tiefer schwerer Not habe ich zerrissen und weggebracht. Bitte vergib mir diese jähzornige Tat in blinder Wut begangen. Ich liebe und verehre dich allerliebster Vater im Himmel. Mir liegt es fern dich zu benutzen, dir zu schaden, dich zu verachten. Du bist doch mein zu Hause. Ich habe kein anderes zu Hause.

Überleg nicht lange wenn ich vor dir stehe und dir sage das ich nur mit dir gehe. Ich bring dich nach Hause, bis dahin gönne ich mir keine......

Ich werde all das tun was du sagst, werde für dich da sein wenn du nach mir fragst. Dein Blick als du am Boden sahst und ich spielte. Das Herz das du mir zeigtest, als sich fernsah.

Cartoon, kleines Lichtgespenst...... der dunkle Wald vollständig verbrannt.....so much hope in so much pain....... es tut mir leid dass ich selbst in dir das abgrundtief böse gesehen habe. Das ist aber nicht so. Du bist die Liebe in immer währender Ewigkeit. Verzeih mir aber dieses sag ich nochmal. Deinen Namen zu nennen ist wohl das schönste was ich sag. Das Fest in der goldenen Stadt. Ab ins neue zu Hause.... endlich ruhige Nächte..... himmlisch einfach. Alles muss raus. Deine lachende Grimasse hinter meinem Rücken.... ja wer weiß, vielleicht heiraten wir doch noch vorm lieben Gott. Endspurt.

Alles muss rein....... all diese Mühen von dir wenn alles vergebens wäre? Leben das Du erschaffst gehört immer zu dir.

Sonst siehst du den Sternenhimmel nicht, für dich drehe ich so lange an der Erde bist du wieder bei mir bist. Für dich mach ich jeden Tag unendlich, für dich bin ich noch heller als das Licht. Für dich wein und schrei und lach und leb ich. Und das alles nur für dich!

Für immer Dein

Wenn ich es wüsste, wäre ich bestimmt sehr stille
aber da ist so schwierig, dazu Dein eiserner Wille.
Unbeholfen, klein, abgestumpft und leer bin ich geworden,
doch ich weiß Du willst mich holen und innig lieben, nicht ermorden.
Ich weiß nicht wie schätzt du es ab, was ich zu ertragen vermag
Mir kommt es vor, als wär es ein Todesschlag,
der leider zu meinem Bedauern solch eine Härte in sich trägt.
Und täglich von neuem auf mein Herz einschlägt.
Ich liebe dich, das was ich bitte von dir weise innig und tief,
auch wenn es für mich nicht immer gut verlief
Am Ende werde ich es bestimmt verstehe
Denn ich möchte nur mit Dir gehen
Aus den Wunden werden Narben, die immer zu sehen sind,
werde sie an mir tragen doch hoffe ich noch nicht mehr blind
als fühlen du Leere, ach was war ich doch blind.

Vater im Himmel, nimm mir doch bitte die Angst Dich zu verlieren
Ohne dich werde ich jämmerlich erfrieren.
Bitte zeig mir klar und deutlich die Strecke,
weil ich sonst fürchterlich verrecke
Mach es mir nicht mehr so schwer und unerträglich.
Ich hänge so sehr an des Liebe und hoffe nichts was vergeblich.
Schütze uns vor dem übel für alle Zeiten
Und lass uns den schönsten Himmel bereiten.

Timo

Für immer Dein

Wenn ich es wüsste wäre ich bestimmt sehr stille
aber der Weg ist so schwierig, dazu dein eiserner Wille.
Unbeholfen, klein, abgestumpft und leer bin ich geworden,
doch ich weiß Du willst mich holen und innig lieben, nicht ermorden.
Wie schätzt du es ab, was ich zu ertragen vermag.
Mir kommt es vor, als wäre es ein Todesschlag,
der leider zu meinem Bedauern solch eine Härte in sich trägt
und täglich von neuem auf mein Herz einschlägt.
Ich liebe dich innig und tief,
auch wenn es für mich nicht immer gut verlief.
Am Ende werde ich es bestimmt verstehen,
denn ich möchte nur mit dir gehen.
Aus den Wunden werden Narben, die immer zu sehen sind,
werde sie an mir tragen als Zeichen der Lehre, ach was war ich doch blind.
Vater im Himmel, nimm mir doch bitte die Angst dich zu verlieren.
Ohne dich werde ich jämmerlich erfrieren.
Bitte zeig mir klar und deutlich die Strecke,
weil ich sonst jämmerlich verrecke.
Mach es mir nicht mehr so schwer und unerträglich,
ich hänge so sehr an der Liebe und hoffe nichts war vergeblich.
Befreie uns vor dem Übel für alle Zeiten
und lass uns den schönsten Himmel bereiten.

reine Liebe   Zuverlässigkeit   Zärtlichkeit   Stärke
Wärme   Weisheit   Unerschütterlichkeit   Sicherheit
Treue   Zuneigung   Heimat   Glückseeligkeit   Rechtschaffenheit
Wahre Größe   Sensibilität   Hilfsbereitschaft   Erleuchtung
Entschlossenheit   Ruhe   Geduld   Hingebung   Ehrlichkeit
Ausdauer   Vertrauen   Schönheit   Gelassenheit   Frieden
Zartheit   Erfahrung

Du hast das tapferste Herz (nicht von mir, Sberg)
Die stärksten Emotionen
Nach all dem Schaden, den ich verursacht habe
Möchtest Du immer noch meine Liebe
Ich denke ich habe Deine Liebe verloren ⟶ (verrückt nach Dir sein?)
Oh Baby, es ist eine Schande
Aber wie kann Ich wütend ~~dich~~ zu Dir sein, wenn ich es bin die tadelt
Ich kann es nicht glauben
ich erhalte immer noch so viel Zuneigung von Deiner Seite
Wenn Du mir eine weitere Chance geben könntest
Würde ich es lieben die Gezeiten (das Glück) zu wechseln.

```
Text und song von sylver
CD "Chances"
meine Übersetzung
```

Du hast das tapferste Herz.

Die stärksten Emotionen.

Nach all dem Schaden, den ich verursacht habe

möchtest du immer noch meine Liebe.

Ich denke ich habe deine Liebe verloren,

Oh Baby, es ist eine Schande,

aber wie kann ich wütend zu dir sein, wenn ich es bin die tadelt.

Ich kann es nicht glauben,

ich erhalte immer noch so viel Zuneigung von deiner Seite.

Wenn Du mir eine weitere Chance geben könntest,

würde ich es lieben die Gezeiten (das Glück) zu wechseln.

(nicht von mir, Song)

Da ist ein neuer Stern an meinem Himmelszelt
Ich kenne Dich nur für eine kleine Weile
Aber mein Herz scheint sich Deiner Liebe zu ergeben
Ich bin ein Opfer Deines Lächelns
Amors Pfeil traf mein Herz
Aber ich fühle keine Schmerzen
Im Ende gibt es nichts zu gewinnen oder zu verlieren
In diesem törichten Liebesspiel

Für immer in Liebe   Du und ich
Für immer in Liebe   Wir beide wissen warum
So wie die Tage kommen und gehen
Da ist nur eine Sache, die ich weiß
Wir haben ihr einen Versuch zu geben

```
Text und song von sylver
CD "Chances"
meine Übersetzung
```

Da ist ein neuer Stern an meinem Himmelszelt.

Ich kenne dich nur für eine kleine Weile,

aber mein Herz scheint sich deiner Liebe zu ergeben.

Ich bin ein Opfer deines Lächelns.

Amors Pfeil traf mein Herz,

aber ich fühle keine Schmerzen.

Am Ende gibt es nichts zu gewinnen oder zu verlieren

in diesem törichten Liebesspiel.

Für immer in Liebe. Du und ich.

Für immer in Liebe. Wir beide wissen warum.

So wie die Tage kommen und gehen.

Da ist nur eine Sache die ich weiß.

Wir haben ihr einen Versuch zu geben.

so ich geh dann jetzt mal jemanden abholen, auf mich
ich weiß nämlich nicht, wie lange er sonst noch warten wird.

all das Schöne, das auch hier bereits existiert, die
Liebe, die in mir wächst und wahr ist, diese Liebe,
die lebe ich nicht alleine. Ich glaube fest daran,
Ich kann und will es mir nicht vorstellen, dass Du mich
aus purer Freude foltertest. das ist nicht wahr.

angenommen, ich würde mich gegen dich stellen, selbst
dann würdest Du es dir nicht mehr nehmen lassen. Du
hast doch schon längst alles entschieden. Entweder man
ist für oder gegen dich. Da aber bist Liebe, Wahrheit,
Gerechtigkeit, Frieden, Freiheit und das für immer & ewig.

i'm getting ready, i'm getting ready to explode
spark up the fire .... overload ....

Das wertvolle Leben

diese Deutlichkeit und
alles soo schön, das wird nicht
zerplatzt wie ein Traum. Wir
werden uns richtig gut gehen lassen,
selbst begreifen, mitgestalten.

weißt Du, was ich
beruhigend für mich ist? Das
Du dir Deiner Sache so sicher bist.
und dass die Dinge dir niemals aus
der Hand gleiten.

ACHT ~~RANN~~ FEB. 2004   reinkommen und alles rausholen

Endlich   Die Abrechnung   halte Steine   nie wieder
Jetzt wird alles   Big Fish 26.03.04
tiptop picobello
24.03.2004   tot zu vollendet

genug für alle   nur noch wenige Tage
9.3.2004   das ist's doch nicht, 4.14.16.3.04
Kampf 41 Sprech violation
6.4.04   Halbzeit des Gerechtigkeit
                Kein/Strafe   ich hab die Faxen dicke
Du hast mein   27.03.04   Wir sind alle
Herz gebrochen   Wie geht's   Alles drin   10.03.04
(bei Arche Fikstift?) 17.03.04   14.03.04   jetzt ist er weg
                                     Feierabend
            Abfüll Buumm   Für nie vergessen,
              15.03.04   woher man kommt.
Alle kaputt/ spurlos verschwunden / Gebäude   Für gleiches Recht,
     schnell raus hier! 18.03.04 spurlos verschwunden   für alle.
                Alles weg/ der Schiß bald vorbei
                     22.03.04

So ich geh dann jetzt mal jemanden abholen, ich weiß nämlich nicht wie lange er sonst noch warten wird. Diese Ordentlichkeit und alles so schön, das wird nicht zerplatzen wie ein Traum. Wir werden es uns richtig gut gehen lassen. Selbst begreifen, mitgestalten.

All das schöne, dass auch hier bereits existiert, die Liebe, die in mir wächst und wahr ist, diese Liebe, die lebe ich nicht alleine. Ich glaube fest daran. Ich kann und will es mir nicht vorstellen, dass du mich aus purer Freude folterst. Das ist nicht wahr.

Angenommen ich würde mich gegen dich Stellen, selbst dann würdest du es dir nicht nehmen lassen. Du hast doch schon längst alles entschieden. Entweder man ist für oder gegen Dich. Du aber bist Liebe, Wahrheit, Gerechtigkeit, Frieden, Freiheit und das für immer und ewig.

Weißt Du was sehr beruhigend für mich ist? Dass du dir deiner Sache so sicher bist. Und dass die Dinge dir niemals aus der Hand gleiten.

Du siehst ja selbst wie es mich quält
Die Unwissenheit, verdreht, verzwickt, die Seele geschält.
Zerhackt, zerbröselt und die Träume im Sehnsuchtswahn.
Werde wach am Morgen, noch gefangen von dem was ich vernahm.
Ich sehe den Vergleich, die Dinge die ich tat.
Zurück sind sie gekommen, der Schmerz ist so hart.
Was denkst Du nur, wo bin ich?
Was geschieht hier nur wirklich?
Darf man das machen? Dabei noch so fies lachen?
Und dann diese lange Zeit, ein Tag, unendliche Wochen.
Alles will die Wahrheit, ein blaues Gesicht, bin zerbrochen.
Doch muss ich hier durch, keine Ahnung wie
Ist das von Dir?
Vielleicht ist es das nicht?

Dabei schaust Du ständig in mein trauriges Gesicht
Dein Wille ist Dein Wille
Du schaust unbekannt in diese Stille
Doch am Ende aller schlimmen langer Zeiten
Wird es sich lohnen, ich bete das es getrage
für die Befreiten.
Ich bete still und stumm in leeren Gedanken
Du weisst alles und sprengst sicher die Schranken.

Du siehst ja selbst wie es mich quält,

die Unwissenheit, verdreht, verzwickt, die Seele geschält.

Zerhackt, zerbröselt und die Träume im Sehnsuchtswahn.

Werde wach am Morgen, noch gefangen von dem was ich vernahm.

Ich sehe den Vergleich, die Dinge die ich tat.

Zurück sind sie gekommen, der Schmerz ist so hart.

Was denkst du nur wo bin ich?

Was geschieht hier nur wirklich?

Darf man das machen? Dabei noch so fies lachen?

Und dann diese lange Zeit, ein Tag, unendliche Wochen.

Ich will die Wahrheit, ein klares Gesicht, bin zerbrochen

doch muss ich hier durch, keine Ahnung wie.

Ist das von dir? Ist es das nicht?

Dabei schaust du ständig in mein trauriges Gesicht.

Dein Wille ist dein Wille,

mir so unbekannt in dieser Stille.

Doch am Ende aller schlimmen Zeiten

wird es sich lohnen für die Befreiten.

Ich bete still und stumm in leeren Gedanken.

Du weißt alles und sprengst sicher die Schranken.

Tausend Fragen

25.12.2003

Tausend Fragen
Doch ich möchte nicht mehr klagen
Es könnte mich treffen so schwer,
Tränen würden fließen und füllen ein Meer
Ich sehe blind die Fülle des Leides
Bitte halt es fern von den Deinen, vermeide es
Das kann doch nicht wahr sein, die Vielfalt des Kummers
Die Vielfalt des Bösen, das ~~böse~~ ~~Absicht~~, das Grauen
Es ist nicht in dir, wird draussen verfaulen
Stärker als jemals ~~zuvor~~
Das was ich nicht weiss, nicht verstehe
Ich weiss nicht, versteh nicht, unbegreiflich, unerhört
Die Liebe in mir, von dir, übernatürlich betört
Voller Sehnsucht ~~…~~ wartend auf das Beben
Der Wunsch, der Drang mit dir ~~hingegeben~~ zu leben
In deiner Welt im Einklang voller Frieden und Kraft
Vereint, zufrieden, erleuchtet und viel geschafft.

Timo

Tausend Fragen

Tausend Fragen

Doch ich möchte nicht mehr klagen.

Es könnte mich treffen so schwer.

Tränen würden fließen und füllen ein Meer.

Ich sehe blind die Fülle des Leides.

Bitte halte es fern von den deinen, vermeide es.

Die Vielfalt des Bösen, kranke Absicht, das Grauen,

Es ist nicht in dir, wird draußen verfaulen.

Ich weiß nicht, verstehe nicht, unbegreiflich, unerhört.

Die Liebe in mir, von dir, übernatürlich betört.

Voller Sehnsucht wartend auf das Beben,

Der Wunsch, der Drang mit dir zu leben.

In deiner Welt im Einklang voller Frieden und Kraft,

Vereint, zufrieden, erleuchtet und viel geschafft.

My IMMORTAL (nicht von mir, Song)

(Das ich hier bin, hat mich so ermüdet)
Ich bin so ermüdet, von wegen hier zu sein
Unterdrückt durch all meine kindlichen Ängste
Und wenn du gehen musst
Wünsche ich mir, dass du jetzt gehen würdest
Weil Deine Anwesenheit hier immer noch verweilt
Und es würde mich hier nicht allein lassen

R [Es scheint, als ob diese Wunden nicht heilen wollen
Diese Qual ist viel zu Real
Es ist soo viel, dass die Zeit es nicht löschen kann
~~Wegen der Abdunkelheit~~
Würdest du weinen, ich wischte dir all deine Tränen weg
Wenn du schreien würdest, würde ich all deine Ängste bekämpfen
Und ich habe deine Hand durch all diese Jahre hindurch gehalten
Aber dennoch hast du alles von mir

Du benutztest mich gefangen zu nehmen (?)
Durch Dein resonating Light
Doch jetzt bin ich ganz verpflichtet, durch das Leben, dass du hinterließt
Dein Gesicht, es verfolgt meine einstige vergnügliche Träume
Deine Stimme, sie verjagt allen meinen gesunden Verstand in mir

R Ich habe es so hart versucht mir selbst zu sagen, dass du gegangen bist
Und obwohl du immer noch mit mir bist
Bin ich die ganze Zeit allein gewesen

song von evanescence
CD "Fallen"
meine Übersetzung

My Immortal (von Evanescence)

Ich bin es so leid hier zu sein, unterdrückt von all meinen kindlichen Ängsten. Und wenn du gehen musst wünschte ich, du würdest einfach gehen. Denn deine Anwesenheit verweilt hier immer noch. Und sie wird mich nicht alleine lassen.

Diese Wunden scheinen nicht zu heilen, dieser Schmerz ist einfach zu echt. Es gibt einfach zu viel was die Zeit nicht auslöschen kann.

Wenn du geweint hast, habe ich alle deine Tränen getrocknet. Wenn du geschrien hast, habe ich alle deine Ängste beseitigt. Und ich habe deine Hand in all diesen Jahren gehalten. Aber du hast immer noch alles von mir.

Du hast mich einst gefesselt mit deinem nachhallenden Lichtschein. Aber jetzt bin ich an das Leben gebunden, das du hinterlassen hast. Dein Gesicht, es verfolgt meine einst angenehmen Träume. Deine Stimme, sie verjagte alle Vernunft in mir.

Diese Wunden scheinen nicht zu heilen, dieser Schmerz ist einfach zu echt. Es gibt einfach zu viel was die Zeit nicht auslöschen kann.

Wenn du geweint hast, habe ich alle deine Tränen getrocknet. Wenn du geschrien hast, habe ich alle deine Ängste beseitigt. Und ich habe deine Hand in all diesen Jahren gehalten. Aber du hast immer noch alles von mir.

Ich versuchte so sehr mir klarzumachen, dass du gegangen bist. Und obwohl du noch immer bei mir bist, war ich die ganze Zeit ganz alleine...

Wenn du geweint hast, habe ich alle deine Tränen getrocknet. Wenn du geschrien hast, habe ich alle deine Ängste beseitigt. Und ich habe deine Hand in all diesen Jahren gehalten. Aber du hast immer noch alles von mir.

- Meine jetzige Geisteshaltung ist das bisherige Resultat eines übernatürlichen, ~~Vorganges~~ durch Gott hervorgerufenen Vorganges
- Die Geisteshaltung, die ich zur Zeit annehme, resultiert aus einem übernatürlichen Prozess, ⟲ dem ~~~~ in die Kraft Gottes die zentrale Rolle spielt.
- Ich bin ein Engel, weil ich Angst davor habe ein Teufel zu sein. Aber in Wahrheit bin ich kein Engel.

AF 2004

Ich würde gerne wissen, was in diese Zeit gehört? Sicher ist, dass ich nicht frei wählen kann. Ich suche nach Antworten, will wissen wohin ich gehöre. Welche Absichten und Lebensweisen sind für mich erstrebenswert? Wie möchte ich ein Leben mit Dir gestalten? Eine Frage die mich oft beschäftigt, ja quält. Wie passt meine Sexualität, ███████████████████████████████████████, in zu unserer gemeinsamen Zukunft? Wie kann ich ein Leben mit Dir in Treue führen, eheliches, offenes Liebe und Treue fühlen, meine ████████ ausleben ohne dich zu verletzen, dich zu hintergehen? Wie kann ich es leben, ohne mich selbst zu hintergehen? 15.02.04 Angenommen ich lebe meine Träume, █████████████████████████████████
██
██
██

Doch auch diese Situation wird ebenso sich einmal dem Ende entgegengehen. Wohin gehe ich dann? Wer erwartet mich? Darf ich dann zu dir? Was erwartest du dann von mir? Möchtest du mir vielleicht näher kommen, mich lieben? Wie sehen deine Wünsche aus? Werde ich in der Lage und Stimmung sein, dann auch Deine Wünsche zu erfüllen? Was geschieht am nächsten Tag? Gehe ich einer Beschäftigung nach? Welche Was werde ich tun? Ich weiss, dass ich mich bilden werde. Welche Rolle spiele ich im Weltgefüge? Welche Rolle möchte ich spielen? Was fasziniert mich? Ich versuche zu antworten.
Ich könnte als Handelsvertreter tätig sein ...... kann ich ... lese ....
Ich liebe die Musik, die Leidenschaft meiner Sexualität, das Kino / Filme, die Unterhaltung, die Freizeit, Sauna, das Weltall, die Sterne, Autofahren, tiefer sehen wollen, wie funktioniert das alles?, Ich möchte mit einer großen Anstrengung begreifen, 15.02.04 die Geselligkeit, mit Menschen auch interessante Bücher, mich interessiert viel, oft verbinde ich meine Lust/Erotik mit diesen Dingen.
Ich möchte es miteinander verbinden, ich möchte dass Du dabei bist.
Ich möchte endlich ein paar Antworten. 15.02.04

Ich würde gerne wissen was in diese Zeit gehört? Sicher ist, dass ich nicht frei wählen kann. Ich Suche nach Antworten, will wissen wohin ich gehöre. Welche Absichten und Lebensweisen sind für mich erstrebenswert? Wie möchte ich ein Leben mit dir gestalten? Eine Frage die mich oft beschäftigt, ja quält, wie passt meine Sexualität……. zu unserer gemeinsamen Zukunft?

Wie kann ich ein Leben mit dir in ehrlicher offener Liebe und Treue führen, meinen …….. ausleben, ohne dich zu verletzen, dich zu hintergehen? Wie kann ich leben ohne mich selbst zu hintergehen? Angenommen ich lebe meinen Traum, …...

Doch auch diese Situation wird sich einmal dem Ende entgegenneigen. Wohin gehe ich dann? Wer erwartet mich? Darf ich dann zu dir? Was erwartest du dann von mir? Möchtest du mir vielleicht näher kommen, mich lieben? Wie sehen deine Wünsche aus? Werde ich in der Lage und Stimmung sein dann auch deine Wünsche zu erfüllen? Was geschieht am nächsten Tag? Gehe ich einer Beschäftigung nach?

Was werde ich tun? Ich weiß, dass ich mich bilden werde. Welche Rolle spiele ich im Weltgefüge? Welche Rolle möchte ich spielen? Was fasziniert mich? Ich versuche zu antworten.

Ich könnte als Handelsvertreter tätig sein….. kann ich….. Leere…… Ich liebe die Musik, die Leidenschaft meiner Sexualität, das Kino/ Filme, die Unterhaltung, die Freizeit, Sauna, das Weltall, die Sterne, Autofahren, tiefer sehen wollen. Wie funktioniert das alles?, die Geselligkeit, mittlerweile auch interessante Bücher, mich interessiert viel. Oft verbinde ich meine Lust/ Erotik mit diesen Dingen. Ich möchte es miteinander verbinden, ich möchte das du dabei bist. Ich möchte endlich ein paar Antworten..

Ich möchte frei sein. Keiner soll mehr zwischen uns stehen und den Traum in mir zerstören. Ich möchte Klarheit der Dinge, möchte mit Dir reden, wünsche mir, dass es sich alles vereinbaren lässt. Möchte neben Dir erwachen, mit dir einschlafen, möchte verstehen.

Ich will nicht, dass Du fehlst. Mein Traum darf unsere Liebe nicht zerstören. Das werde ich nicht zulassen, das kann ich nicht zulassen. Aber es ist schwierig einen Traum zu formulieren, den ich hier heißt in diesem Zustand nicht leben kann, zumal mir soviel an dir liegt, dass ich Dich nicht einfach nur gebrauchen/missbrauchen will, wie ich es oft in meinem ... getan habe. Wenn ich jetzt ehrlich bin, so soll es mit keinem sein, der noch an diesem Traum beteiligt ist. Ich will alle so lieben wie Dich, liebe ███. Will nicht mehr von Dir gehen. Bitte hilf mir lieber Gott, hilf mir bitte, zeige mir, wie ich Dich lieben kann, Deine Liebe fassen kann, bitte mach mich zu einem (ewig) funktionierenden Teil von dir. Denn du weisst, alleine komme ich nicht (nie) ans Ziel.

Vielen lieben Dank, dass Du mich verstehst und mir helfen kannst.

Ich möchte frei sein. Keiner soll mehr zwischen uns stehen und den Traum in mir zerstören. Ich möchte Klarheit der Dinge, möchte mit dir reden, wünsche mir, dass es sich alles vereinbaren lässt. Möchte neben dir erwachen, mit dir einschlafen, möchte verstehen.

Ich will nicht das du fehlst. Mein Traum darf unsere Liebe nicht zerstören. Das werde ich nicht zulassen, dass kann ich nicht zulassen. Aber es ist schwierig ein Traum zu formulieren den ich hier in diesem Zustand nicht leben kann, zumal mir soviel an dir liegt, dass ich dich nicht einfach nur gebrauchen/missbrauchen will, wie ich es so oft in meinem Leben getan habe.

Wenn ich jetzt ehrlich bin, so soll es mit keinem sein der noch an diesem Traum beteiligt ist. Ich will alle so lieben wie dich, liebe…….. Will nicht mehr von dir gehen. Bitte hilf mir lieber Gott, hilf mir bitte, zeige mir wie ich dich lieben kann. Deine Liebe fassen kann, bitte mach mich zu einem (ewig) funktionierenden Teil von dir. Denn du weißt, alleine komme ich nicht (nie) ans Ziel.

Vielen Dank das du mich verstehst und mir helfen kannst.

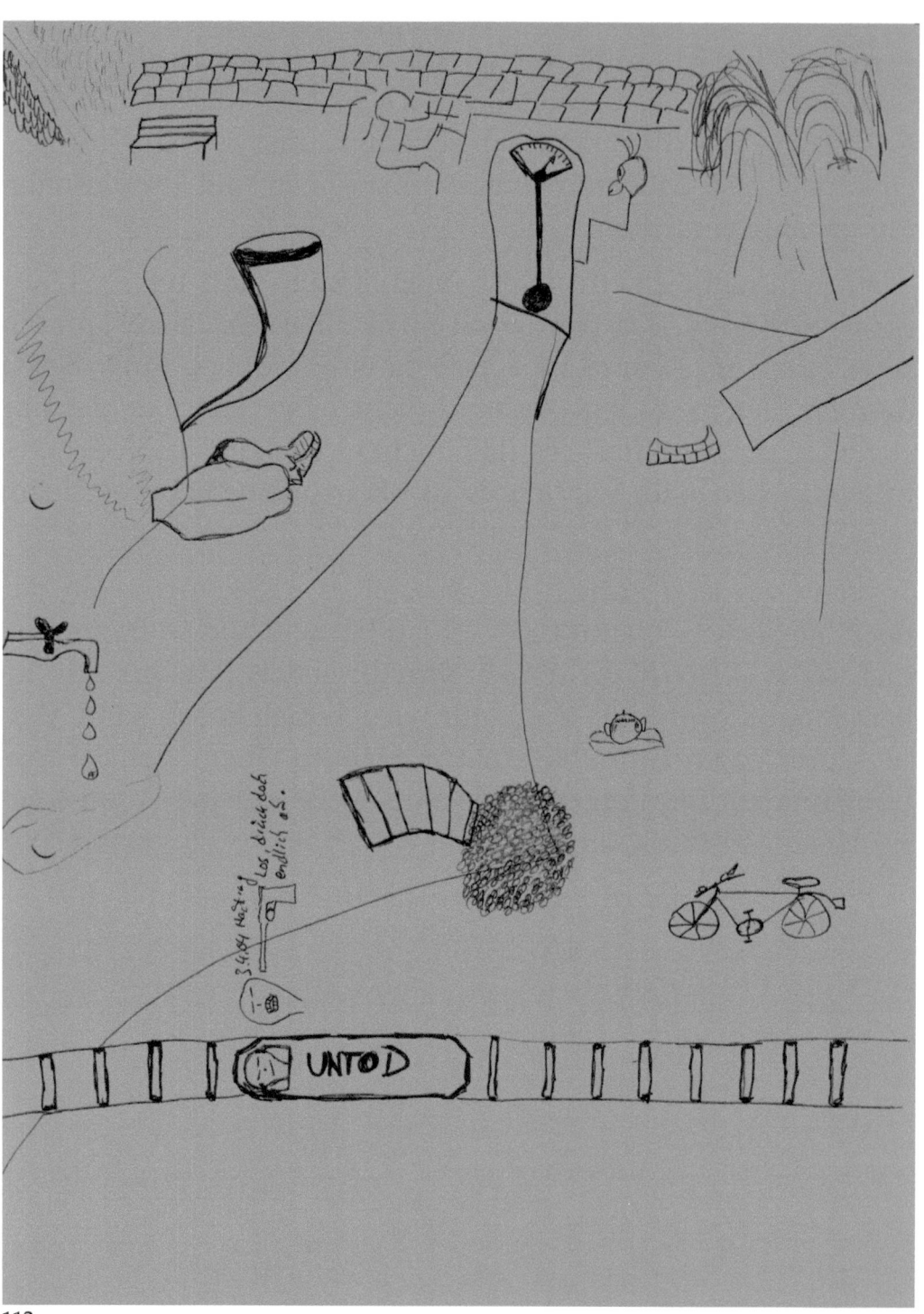

Ich bin der Tod, die Schande, das abscheuliche Exempel. Alle kommen zum Vater, die nicht so sind wie ich.
29.02.2004

Glaubst du das, was du da geschrieben hast? Ich weiß es nicht — manchmal — Ich analysiere mich, versuche mich selbst zu erkennen, doch ich entdecke keine echten Ziele, keine anständige Moral, die über mein Ego hinausgeht und einen Sinn, einen Gewinn für die Gemeinschaft darstellen könnte. Ich weiß nicht, ob es immer schon so war und das jetzt alles zum Vorschein kommt. Jetzt wo nichts mehr ist, na doch ein gewisser Kern, ein Rest übrig ist. Alle guten Vorsätze, welche waren es noch?, sind weg. Die Liebe, die Treue, die ich sich immer so wertschätze verflüchtig— wie leicht flüchtiges Gas. Doch der Trieb ist geblieben, er ist stark und verführt mich. Ein Trieb, nicht eingebunden in Gefühle wie Hass oder Liebe. Reine körperliche Bedürfnisse, die sich danach sehnen gestillt zu werden, wie ein starker Durst, der einen befällt, wenn man lange Zeit nichts getrunken hat.
Sollte es bedeuten, dass mein Geist ohne diesen Trieb harmonischer leben kann, dass es zwei getrennte Bereiche sind?
Doch wenn die Liebe im Geist ist, wie äußert sie sich dann? Die Liebe hat doch auch Bedürfnisse, die sie stillen möchte. Sie strebt nach Tätlichkeit, Harmonie, Frieden in der Einheit der Vielfältigkeit. Ein buntes Treiben mit unzähligen Eindrücken. So schön ist die Liebe, sich so groß zu machen, dass ihr nie langweilig wird. Ja ja, aber mit mir kann man das ja ▓▓▓▓ kann man eben nicht und das weißt du auch. Ich wäre dir so gerne diese Frau, doch bin ich mir nicht sicher, ob es reicht. Ich glaube nicht mehr viel. Ich hoffe, dass du nicht wirklich lachst und es dir diese Freude bereitet deine Überwacht zu demonstrieren. Ich wünsche mir ein schnelles Ende, bitte keine Verlängerung in dieser fürchterlichen Eiszeit. Lieber möchte ich, dass ... Nun das möchte ich nicht, denn ich muss dich sehen. Muss wissen, wer die Verantwortung für alles zu tragen hat.

Ich bin der Tod, die Schande, dass abscheuliche Exempel. Alle kommen zum Vater die nicht so sind wie ich.

Glaubst du das, was du da geschrieben hast? Ich weiß es nicht, manchmal. Ich analysiere mich, versuche mich selbst zu erkennen, doch ich entdecke keine echten Ziele, keine anständige Moral, die über mein Ego hinausgeht und einen Sinn, einen Gewinn für die Gemeinschaft darstellen könnte. Ich weiß nicht ob es immer schon so war und dass jetzt alles zum Vorschein kommt.

Jetzt wo nichts mehr ist, nur noch ein gewisser Kern, ein Rest übrig ist. Alle guten Vorsätze, welche waren es noch, sind weg. Die Liebe, die Treue, die ich beide immer so Wert schätzte verfliegen wie leicht flüchtiges Gas. Doch der Trieb ist geblieben, er ist stark und verführt mich. Ein Trieb, nicht eingebunden in Gefühle wie Hass oder Liebe. Reine körperliche Bedürfnisse, die sich danach sehnen gestillt zu werden wie ein starker Durst, der einen befällt, wenn man lange Zeit nichts getrunken hat.

Sollte es bedeuten, dass mein Geist ohne diesen Trieb harmonisch leben kann, dass es zwei getrennte Bereiche sind? Doch wenn die Liebe im Geist ist, wie äußert sie sich dann? Die Liebe hat doch auch Bedürfnisse die sie stillen möchte. Sie strebt nach Zärtlichkeit, Harmonie, Frieden in der Einheit der Vielfältigkeit. Ein buntes Treiben mit unzähligen Eindrücken.

So schlau ist die Liebe sich so groß zu machen, dass ihr nie langweilig wird. Ja ja, aber mit mir kann man das ja machen. Kann man eben nicht und das weißt du auch. Ich wäre dir so gerne treu, doch bin ich mir nicht sicher ob es reicht. Ich glaube nicht mehr viel. Ich hoffe, dass du nicht wirklich lachst und es dir lieber Gott Freude bereitet deine Übermacht zu demonstrieren.

Ich wünsche mir ein schnelles Ende, bitte keine Verlängerung in dieser fürchterlichen Eiszeit. Lieber möchte ich, dass...... nein das möchte ich nicht, denn ich muss dich sehen. Muss wissen wer die Verantwortung für alles zu tragen hat.

16.02.04

- in jeder Sekunde wird Energie gewandelt. Aus dem Nichts entsteht sie jedoch nur in Liebe. Ich kann sie geben, dich wärmen, dich anregen, inspirieren, aufmuntern, nachdenklich stimmen, ...

Ich kann sie auch verwenden dich zu verletzen, zu enttäuschen, zu foltern, zu quälen, doch ist es dann keine Liebe mehr. Diese Form der Energie verbraucht sich schnell, sie gibt nichts außer Leid, sie nimmt nur, denn sie kann sich nicht erneuern, ist abhängig, hängt sich mit List und Tücke an das Gute um zu überleben. Nur wie? Wie kann das? Wie kann man sich davor schützen? Unangreifbar, unerreichbar werden? Sein? Sie ist leer und kalt. Weil sie nicht geben kann, strahlt sie auch nicht aus, denn sie ist nach innen gerichtet. Das Böse, das sie sendet kehrt unweigerlich zurück.

Sie richtet sich selbst. Deswegen ist sie auch Einsam. Weil sich niemand mit ihr binden will, binden kann. Des Vertrauens unwürdig. Zerstörerisch. Ein aggressives Radikal ohne Sinn für die Vandlung, das Bestehens, und das des Werdens, des Wachsens.

Wie kann ein System funktionieren das sich Hass nennt? Es müsste zerfallen, sich vollständig auflösen, weil es nicht fähig ist die Mitte zu finden, sich zu beherrschen. Könnte es das, hätte es sich ja gewandelt.

Wo ich doch weiß, dass ich so nicht bestehen kann, wieso strebe ich dann danach? Es müsste mir doch klar sein, mit wem ich es zu tun kriege. Die Liebe wird sich von mir abwenden, ich wäre so anders, es gäbe keine Möglichkeit der Vereinigung. Die Gegensätze wären zu extrem. Wie kann ich ohne Energie existieren? Gibt es eine andere Form der Energie? Eine, die sich nur gegen mich selbst richtet? Ein ewig geltendes Gesetz? Ob die Tyrannen und Despoten sich freiwillig, voller Vorfreude auf eine Streckbank legen und sich quälen lassen? Es Hypothese: es gibt kein Lebewesen, dass diesen Zuständen der Folter, sowohl körperlich als auch seelisch, Befriedigung findet. Wieso sitzen diese Sadisten, die die Unterdrückung anderer befehlige, grundsätzlich außerhalb der Reichweite der Gerechtigkeit, der Vielfalt, umgeben von anderen Tätern, schwer bewaffnet, verbarrikadiert? Sie erkennen ihre Ungerechtigkeit, doch ist der Geist zu schwach um einen Ausweg zu finden. Ich bin überzeugt, dass Qualen und eine ständige Unzufriedenheit

In jeder Sekunde wird Energie gewandelt. Aus dem Nichts entsteht sie jedoch nur in Liebe. Ich kann Sie geben, dich wärmen, dich anregen, inspirieren, aufmuntern, nachdenklich stimmen, …...

Ich kann sie auch verwenden dich zu verletzen, zu enttäuschen, zu foltern, zu quälen, doch ist es keine Liebe mehr. Diese Form der Energie verbraucht sich schnell, sie gibt nichts außer Leid, sie nimmt nur, denn sie kann sich nicht erneuern, ist abhängig, hängt sich mit List und Tücke an das Gute um zu überleben. Nur wie? Wie kann das sein?

Wie kann man sich dann schützen? Unangreifbar, unerreichbar werden? Sie ist leer und kalt. Weil sie nicht geben kann strahlt sie auch nicht aus, denn sie ist nach innen gerichtet. Das Böse das sie sendet kehrt unweigerlich zurück. Sie richtet sich selbst. Deswegen ist sie auch einsam, weil sich niemand mit ihr binden will, binden kann. Des Vertrauens unwürdig. Zerstörerisch. Ein aggressives Radikal ohne Sinn für die Verwandlung, des Bestehens, des Vermehrens, des Wachsens.

Wie kann ein System funktionieren das sich Hass nennt? Es müsste zerfallen, sich vollständig auflösen weil es nicht fähig ist die Mitte zu finden, sich zu beherrschen. Könnte es das, hätte es sich ja gewandelt. Wenn ich doch weiß das ich so nicht bestehen kann, wieso strebe ich dann danach? Es müsste mir doch klar sein, mit wem ich es zu tun kriege. Die Liebe wird sich von mir abwenden, ich wäre so anders, es gebe keine Möglichkeit der Vereinigung.

Die Gegensätze wären zu extrem. Wie kann ich ohne Energie existieren? Gibt es eine andere Form der Energie? Eine, die sich nur gegen mich selbst richtet? Ein ewig geltendes Gesetz? Ob die Tyrannen und Despoten sich freiwillig voller Vorfreude auf eine Streckbank legen und sich quälen lassen? Hypothese: „es gibt kein Lebewesen, das in diesen Zuständen der Folter, sowohl körperlich als auch seelisch Befriedigung findet".

Wieso sitzen diverse Sadisten,die die Unterdrückung anderer befehligen grundsätzlich außerhalb der Reichweite der Gerechtigkeit, der Vielfalt, umgeben von anderen Tätern, schwer bewaffnet, verbarrikadiert? Sie erkennen ihre Ungerechtigkeit, doch ist der Geist zu schwach und krank einen Ausweg zu finden.

in diesen Köpfen vorherrscht. Weil sie ab einem bestimmten erreichbaren Punkt nicht mehr zu halten sind, werden sie außerordentlich gefährlich.

Davor gilt es sich zu schützen. Der Liebe bleibt nichts anderes übrig, als dicht zu machen. Zu verschwinden. Dahin zu gehen, wo der Hass nicht folgen kann. Einen Zustand einzuladen, der jenseits der Möglichkeiten des Hasses liegt.

Fragen auf die ich eigentlich eingehen wollte, jedoch wieder den Faden verloren habe, weil ich Schwierigkeiten habe eine Lösung zu finden. Ein Gedankenmodell, dass meine Frage beantwortet. Ich weiss, dass ich zur Ruhe komme, wenn die Antwort zu der/den Frage/n existiert.

- Wie ist es möglich, dass Du Schwierigkeiten hast die Hölle zu besiegen?
- ( ) wenn das Böse, das Energieleer (oder eine andere Form der Energie) im Vergleich zu Deiner ist, dir so nahe sein dass Du Dich davon trennen wirst, damit diese ständige Bedrängnis und Belästigung ein Ende hat?
- In einer ewigen Verdammnis zu leben bedeutet zwangsläufig auch Bewegung. Energie muss zur Verfügung stehen, um diese Art der Ewigkeit zu nähren. Wirst Du Deine Energie (zumindest einen Teil) zur Verfügung stellen, damit die Hölle der Ausgestossenen nicht auseinanderfällt?
- ~~Ist es gerecht~~ damit sie ihrer gerechten Strafe ~~entgegen~~ nicht entgehen können?

Eine Unmöglichkeit ist es, alleine Dich zu begreifen.

Die Kräfte, die mich zusammenhalten, die Energie in ihrer kleinsten existentiellen Form, die meine Persönlichkeit entstehen lässt, strebt nach einem harmonischen liebevollen Gleichgewicht.

Ihr seit der Faktor, von dem es sich zu lösen gilt. Ihr seit unbrauchbarer Abfall, nicht recycelbar, eine widerliche, abartige Erinnerung.

Ihr seit der absolute Schreck, was ein Glück, wenn ihr nicht näherkommen könnt. Es wäre ein Geschenk im Geschenk.

Ich bin überzeugt das Qualen und eine ständige Unzufriedenheit in diesen Köpfen vorherrscht. Weil sie ab einem bestimmten erreichbaren Punkt nicht mehr zu heilen sind, werden sie außerordentlich gefährlich. Davor gilt es sich zu schützen. Der Liebe bleibt nichts anderes übrig als dicht zu machen. Zu verschwinden. Dorthin zu gehen wo der Hass nicht folgen kann. Ein Zustand erreichen, der jenseits der Möglichkeiten des Hasses liegt.

Frage auf die ich eigentlich eingehen wollte, jedoch wieder den Faden verloren habe, weil ich Schwierigkeiten habe eine Lösung zu finden. Ein Gedankenmodell das meine Frage beantwortet. Ich weiß das ich zur Ruhe komme, wenn die Antwort zu der/den Fragen existiert.

Wie ist es möglich das du Schwierigkeiten hast die Hölle zu besiegen? Wie kann das Böse, das Energieleer (oder eine andere Form der Energie) im Vergleich zu deiner ist, dir so nahe sein kann, dass du dich davon trennen wirst, damit diese ständige Bedrängnis und Belästigung ein Ende hat?

In einer ewigen Verdammnis zu leben bedeutet zwangsläufig auch Bewegung. Energie muss zur Verfügung stehen, um diese Art der Ewigkeit zu nähren. Wirst Du deine Energie (zumindest einen Teil) zur Verfügung stellen, damit die Hölle der ausgestoßenen nicht auseinanderfällt? Damit sie ihrer gerechten Strafe nicht entgehen können?

Eine Unmöglichkeit ist es alleine dich zu begreifen.

Die Kräfte die mich zusammenhalten, die Energie in ihrer kleinsten existenziellen Form, die meine Persönlichkeit entstehen lässt strebt nach einem harmonischen liebevollen Gleichgewicht.

Ihr seid der Faktor von dem es sich zu lösen gilt. Ihr seid unbrauchbarer Abfall, nicht recycelbar, eine widerliche abartige Erinnerung. Ihr seid der absolute Schreck. Was ein Glück wenn ihr nicht näher kommen könnt.

Es wäre ein Geschenk im Geschenk.

6.3.2004

██████████████████████ ? Welches Bedürfnis rebigt sich dahinter? Ist/Beruht
dieses Bedürfnis ┬auf einer┬ natürlichen Ursprungs?
Könnte ich nicht ohne weiteres ┬harmonische┬ ohne die Stillung dieses Bedürfnisses existieren?
Was hat dieser Trieb mit Liebe zu tun? Wer hat diesen Trieb in mich gepflanzt? Zu welchem Zweck?
~~Wie stellt sich die Seite oder~~ ██
Haben sie dasselbe Bedürfnis, nur in umgenehlter Weise? Wie stelle ich mir das vor?
Ist es notwendig diese Art von Abhängigkeit zu erzeugen? Warum würde man sich
gegenseitig so abhängig machen? Welche Energien fliessen bei dieser Art von Bedürfn.?
Wohin fliessen diese Energien? Werden die beteiligten Menschen dabei mit Energien
aufgefüllt oder werden sie eher entleert?
Darf dieses Bedürfnis so stark werden, dass ich von dem Bedürfnis gelenkt werde?
Welche Möglichkeiten gäbe es, grundsätzlich die Kontrolle über dieses Bedürfnis zu erlangen, so dass
an vorrangige Aufgaben, die ~~voll~~ wichtiger sind, ~~werden~~ erfüllt werden können?
In welchem Teil meines selbst befindet sich die Programmierung, die dieses Bedürfnis hervorruft?

Was ist die Liebe? Was erwartet sie von dir? Was erwartet sie von sich selbst?
Wie kann ich die Grenzen meiner selbst überschreiten, um die Liebe zu schützen?
Wie erreiche ich den Zustand vollkommener Unantastbarkeit, obwohl mich das Böse bedrängt ~~und~~ ┬sowohl┬
~~ich als auch┬ kontrollieren will? ┬als auch ausmanövriere~~

Wie kommt es, dass diese Art der Energie (falls es überhaupt welche ist) das Leben dazu hat?
~~Was kann ich tun, um die~~ Wie schaffe ich es einen Sprung zu machen, der mich vollständig vom Bösen befreit,
der mich in die Demenz katapultiert, dass ich dem kleinsten Hauch einer Gefahr wahrnehme, die
mich von der Liebe trennen will?

~~Wo ist der Schalter~~

11.08.04

Wie kann ich meine vierzigjährige Dauerhaltige, die sog. Endorphine, anregen, dass sie vermehrt ausgeschüttet
werden? (Ich weiss, dass es ein tiefes unsagbar grosses, unbeschreibliches Glücksgefühl gibt. Und
nicht nur für mich. Für viele. Wir klinken uns gemeinsam ein. Alleine mag es auch
schön sein, aber nicht für immer.)

Eine Frage: Komme ich von dir und deinem Glücksgefühl jemals wieder los?
Das was ich bisher erlebt habe ist doch nur die Spitze des Eisbergs.
Und wenn viele Gefühle, die ich unwillentürlich erzeugt habe, schon so abgehen: wie
bitte schön ~~geht~~ geht es in dir dann ab? Liege ich das wohl richtig, oder?

Welches Bedürfnis verbirgt sich dahinter? Beruht dieses Bedürfnis auf einen natürlichen Ursprung? Könnte ich nicht ohne weiteres harmonisch ohne die Stillung dieses Bedürfnisses existieren? Was hat dieser Trieb mit Liebe zu tun? Wer hat diesen Trieb in mich gepflanzt? Zu welchem Zweck?

Haben Sie dasselbe Bedürfnis, nur in umgekehrter Weise? Wie stelle ich mir das vor? Ist es notwendig diese Art von Abhängigkeit zu erzeugen? Warum würde man sich gegenseitig so abhängig machen? Welche Energien fließen bei dieser Art von Geschehen? Wohin fließen diese Energien? Werden die beteiligten Menschen dabei mit Energien aufgefüllt oder werden sie eher entladen?

Darf dieses Bedürfnis so stark werden, dass ich von dem Bedürfnis gelenkt werde? Welche Möglichkeiten gäbe es grundsätzlich die Kontrolle über dieses Bedürfnis zu erlangen, so dass vorrangige Aufgaben die wichtiger sind erfüllt werden können? In welchem Teil meines selbst befindet sich die Programmierung die dieses Bedürfnis hervorruft?

Was ist die Liebe? Was erwartet sie von dir? Was erwartet sie von sich selbst? Wie kann ich die Grenzen meiner selbst überschreiten, um die Liebe zu schützen? Wie erreiche ich den Zustand vollkommener Unantastbarkeit, obwohl mich das Böse bedrängt und mich sowohl auseinanderreißen als auch kontrollieren will? Wie kommt es, dass diese Art der Energie (falls es überhaupt welche ist) das Recht dazu hat?

Wie schaffe ich es einen Sprung zu machen, der mich vollständig vom Bösen befreit, der mich in eine Denkweise katapultiert, dass ich den kleinsten Hauch einer Gefahr wahrnehme, die mich von der Liebe trennen will? Wie kann ich meine körpereigenen Rauschdrogen, die so genannten Endorphine, anregen, dass sie vermehrt ausgeschüttet werden?

Ich weiß das es ein tiefes, unsagbar großes, unbeschreibliches Glücksgefühl gibt. Und nicht nur für mich. Für Viele. Wir klinken uns gemeinsam ein. Alleine mag es auch schön sein, aber nicht für immer.

Eine Frage: komme ich von dir und deinem Glücksgefühl jemals wieder los? Das was ich bisher erlebt habe ist doch nur die Spitze des Eisbergs. Und wenn viele Gefühle, die ich künstlich und Verboten erzeugt habe, schon so abgehen, wie bitteschön geht es in dir dann ab? Liege ich doch wohl richtig, oder?

19.03.04

Was ist für eine Größe in mir trage? Ich kann sie nicht finden. Ich sehe die Welt, in der ich lebe, doch ich erkenne die Zusammenhänge so gut wie gar nicht (oder gar nicht). Ich sehe das Leben in Tier, Natur und Mensch; jene Anordnung von Atomen, Elementarteile, Ladungen, Energien, doch ich verstehe nix von dem. So viele Bücher sind geschrieben worden, so viele Menschen, die dazu beigetragen haben die Rätsel um uns herum zu lösen. Ich bin keiner von diesen Menschen. Ich habe mir eingebildet, mich organisiert, meine Fragen gestellt, nicht an die Zukunft anderer Generationen gedacht. Ich habe nicht geholfen. Dafür habe ich aber jeden Tag ein großen Unsinn gemacht und das war das Raunloseste von allem. Die anderen Dinge, die ich gemacht habe malen mir meine Ehre und Würde. Dabei habe ich doch so viel Verstand, dass ich Gut von Böse unterscheiden kann. Dachte ich zumindest, jedoch es war nicht so. Von Gutheit getrieben hatte ich, wenn auch unbewusst – glaube ich zumindest –, ein Pakt mit der finstere Mächte geschlossen. Überall bin ich in ihre Falle gelaufen. Und ich habe es nicht gemerkt. O.u., ich bin nicht gerade der Hellste im Kopf, aber das hätte ich doch wissen müssen. Das was doch so schwer nicht, oder? Nicht stehle, nicht betrüge. ~~~~~~~~ Käufliche Liebe oder ~~~~~~~~. Dass ich so tadelnd durch die Zeiten ließ mich treiben ohne ein wahres Ziel. Ich habe die Liebe gelebt? Aber ganz bestimmt nicht. Nix raffen, Nullahnung von Alles und Nichts. Was ist ein Radiergummi? Wie findet man ein Buch? Wann geht die Sonne auf? Wieso, weshalb .... Nirgendwo sehe ich den Timo, der ein bisschen dazu beigetragen hat. Bin in diese Welt geplumpst, um ordentlich viel Chaos anzurichten. Mag sein, dass es Stimmen gibt. Kann auch sein, dass ich im Selbstmitleid versinke. Möglich, dass du es anders siehst, oder noch weniger. Leben und Größe, in einer Welt. Und das ist so gut wie nichts. Dass das bin ich nicht. bestehen, einen wirklichen Sinn erfahre wenn ich nur in dir. Dass das bin ich nicht. Ich bin wenig und groß, schwarz oder weiß. Wenn du die Welt so siehst? Was fühlst du, wenn du mich so siehst? Was fühlst du, wenn du links Tunnel Schmerz ... jeder Einzelnen, so viele Schicksale, die Vergangenheit, überall Blut. Und was gab es bisher für Einzelschicksale. Grauenvollste Erlebnisse, die man noch nicht mal träumen will, geschwüre denn leben. Das kann doch wohl nicht wahr sein, oder? Die Luft iss raus.

Was ich für eine Größe in mir trage? Ich kann sie nicht finden. Ich sehe die Welt in der ich lebe, doch ich erkenne die Zusammenhänge so gut wie gar nicht (eher gar nicht). Ich sehe das Leben im Tier, Natur und Mensch. Jene Anordnung von Atomen, Elementarteilchen, Ladungen, Energien, doch ich verstehe Nix von dem.

So viele Bücher sind geschrieben worden, so viele Menschen die dazu beigetragen haben die Rätsel um uns herum zu lösen. Ich bin keiner von diesen Menschen. Ich habe nix erfunden, nix organisiert, keine Fragen gestellt, nicht an die Zukunft anderer Generationen gedacht. Ich habe nicht geholfen. Dafür habe ich aber jeden Tag einen großen Kacks gemacht und das war das harmloseste von allem.

Die anderen Dinge die ich gemacht habe nehmen mir meine Ehre und Würde. Dabei habe ich doch so viel Verstand das ich Gut von Böse unterscheiden kann. Dachte ich zumindest, jedoch es war nicht so. Von Geilheit getrieben hatte ich, wenn auch unbewusst (glaube ich zumindest), einen Pakt mit den finsteren Mächten geschlossen. Überall bin ich in Ihre Falle gelaufen. Und ich habe es nicht gemerkt. O.k., ich bin nicht gerade der hellste im Kopf, aber das hätte ich doch wissen müssen.

Das war doch so schwer nicht, oder? Nicht stehlen, nicht betrügen, käufliche Liebe oder......Doch ich zog lachend durch die Zeiten, ließ mich treiben ohne ein wahres Ziel. Ich habe die Liebe gelebt? Aber ganz bestimmt nicht. Nixraffer, null Ahnung von Alles und Nichts. Was ist ein Radiergummi? Wie bindet man ein Buch? Wann geht die Sonne auf? Wieso, weshalb, …. Nirgendwo sehe ich den Timo, der ein bisschen dazu beigetragen hat.

Bin in diese Welt geplumpst, um ordentlich viel Chaos anzurichten. Mag sein, dass es schlimmere gibt. Kann auch sein, dass ich in Selbstmitleid versinke. Möglich dass du es anders siehst. Ich jedoch erkenne jetzt meine Größe, meinen Wert. Und das ist so gut wie nichts, eher noch weniger. Leben und bestehen, einen wirklichen Sinn erfahren kann ich nur in dir.

Doch das bin ich nicht. Ich bin kreuz und quer, schwartzdz, oben unten bla rechts links Tunnel Schmerz...... Was fühlst du wenn du mich so siehst? Was fühlst du wenn du die Welt so siehst? Jeden Einzelnen, so viele Schicksale, die Vergangenheit, überall Blut. Und was gab es bisher für Einzelschicksale? Grauenvollste Erlebnisse die man nicht mal träumen will, geschweige denn leben. Das kann doch wohl nicht wahr sein, oder? Die Luft iss raus.

19.03.2004

Sexueller Trieb → Enthaltsamkeit ist Pflicht, sonst erfolgt A

Maßlosigkeit → Nicht immer das Beste vom Besten. Genügsam haushalten. Nur das nötigste einkaufen. Keine Süssigkeiten.

Unehre → Erniedrigungen erdulden. Den Weg nicht aus den Augen verlieren. Nicht vergessen wie es war zu lieben, zu fühlen, die rechte Anschauung einer Beziehung in Ehrlichkeit und Treue leben zu wollen.

Prostitution → Finger weg von Produktionen, die allein auf die Anhäufung materieller Besitzer ausgerichtet , die ohne jegliche Liebe entstanden sind und keinerlei echte Leidenschaft der Personen untereinander für das darzustellende Thema besitzen. Daraus folgt: in dieser Welt hat meine Sexualität nichts mehr verloren.

Wut, Aggression, Zorn, Hass → Diese Gefühle unbedingt unterdrücken. Sie gehören nicht in mein Schema. Sie zwingen mich zu unkontrollierende Handlungen und benebeln meinen Geist. So schwer es auch oft ist die Ruhe zu bewahren; lass dich von diesen Gefühlen nicht überwältigen, dass sie dich vom Weg abbringen.

Rache, Vergeltung → gehört nicht in die Welt der Gerechtigkeit. Vergebung sprengt diesen Teufelskreis, wobei Vergebung nur bis zu einem gewissen Grad möglich ist. Sie hängt stark von den wahren Absichten des Wesens ab, dem man zu vergeben hat, insbesondere die Vorfälle die sich ereignet haben. Das eigene Wesen ist besonders gefordert, denn vergeben zu können ist die schwierigste Liebe, die man leben kann.
"verzeihen ist die schwerste Liebe"
Albert Schweitzer

Sexueller Trieb ---> Enthaltsamkeit ist Pflicht sonst erfolgt A
Maßlosigkeit ---> Nicht immer das Beste vom Besten.
Genügsam haushalten. Nur das nötigste einkaufen.
Keine Süßigkeiten.
Untreue ---> Erniedrigungen erdulden. Den Weg nicht aus
den Augen verlieren. Nicht vergessen wie es war zu lieben,
zu fühlen, die rechte Anschauung einer Beziehung in
Ehrlichkeit und Treue leben zu wollen.
Prostitution ---> Finger weg von Produktionen, die alleine
auf die Anhäufung materiellen Besitzes ausgerichtet, die
ohne jegliche Liebe entstanden sind und keinerlei echte
Leidenschaft der Personen untereinander für das
darzustellende Thema besitzen. Daraus folgt: in dieser Welt
hat meine Sexualität nichts mehr verloren.
Wut, Aggression, Zorn, Hass ---> diese Gefühle unbedingt
unterdrücken. Sie gehören nicht in mein Schema. Sie
erzeugen nicht zu kontrollierende Handlungen und
benebeln meinen Geist. So schwer es auch oft ist die Ruhe
zu bewahren; lass dich von diesen Gefühlen nicht
bewältigen, dass sie dich vom Weg abbringen.
Rache, Vergeltung ---> gehört nicht in die Welt der Gerechtigkeit.
Vergebung sprengt diesen Teufelskreis, wobei Vergebung nur bis zu
einem gewissen Grad möglich ist. Sie hängt stark von den wahren
Absichten des Wesens ab, dem man zu vergeben hat, insbesondere
die Vorfälle die sich ereignet haben. Das eigene Wesen ist besonders
gefordert, denn vergeben zu können ist die schwierigste Liebe die man
Leben kann. Zitat: „ Verzeihen ist die schwerste Liebe" von A. Schweitzer.

Füße und Hände : „ Welche Ziele verfolge ich mit der Befriedigung meines Triebes ?"
(Spaß und Stillung der Lust.

~~[redacted lines]~~

Unterschenkel, Unterarme : „ Welche Mittel könnte ich einsetzen den starken Trieb gedeckt zu kontrollieren, so fern es nötig ist ? "
(geistige Verdrängung der visuellen Phantasie in meinem Kopf und Unterdrückung der körperlichen Erregung durch Erzeugung anderer Gedanken. Reellen Anregungen bewusst aus dem Wege gehen.)

Knie und Ellenbogen : „ Was hat mein Charisma mit meinem Trieb zu tun ? "
(Er wurde von Kindheit an, ab dem 9.-10. Lebensjahr, Bestandteil meiner Persönlichkeit. Ich muss herausfinden in welchen Regionen sich mein Trieb befindet, wie er definiert ist, ob er im Einklang mit der Liebe steht.)

Ober... und Oberarme : „ Welchen Einfluss hat mein Trieb auf die Gesamtkapazität meiner ausgehend Leistungs- und Konzentrationsfähigkeit ? "
(Sofern er nicht regelmäßig gestillt wird eine außerordentlich Große. Ich gerate in ein völliges Ungleichgewicht und finde keine Ruhe für die Ausübung anderer Tätigkeiten. Der Trieb steht oft im Vordergrund. Ich muss einen Weg finden ihn ohne Triebe isolieren zu können, bis er gestillt werden darf.)

Genitalien : „ Was für eine Orientierung besitzt „ mein Trieb "
(Er will über meinen Willen stehen, obwohl es für mein Überleben nicht lebensnotwendig ist. Gelingt es mir meinen Willen über den Trieb zu stellen, kann ich ihn nach Bedarf leben lassen oder eben nicht.)

Unterbauch : „ Was muss eliminiert werden, damit der Wille stärker als der Trieb wird ? "
(Der Trieb muss zu einem Unterprogramm vom Willen werden. Nicht umgekehrt oder gleichwertig. Der Wille steuert den Trieb.)

Oberbauch : „ Was muss ich annehmen, dass der Trieb zu einem Unterprogramm von meinem Willen wird "
(Ich werde mein ganzes Leben lang stark vom Trieb gesteuert. Ich muss es begreifen, dass es so nicht mehr geht. Ich erwarte deine Hilfe und werde sie dankend annehmen.)

Brust : „ Welche Impulse benötige ich zur Umsetzung meines Vorhabens ? "
(Ich muss mir entsprechendes Wissen aneignen, damit ich die Steuerung meiner selbst begreife.)

Füße und Hände: „welche Ziele verfolge ich mit der Befriedigung meines Triebes?" (Spaß und Stillung der Lust ......)

Unterschenkel, Unterarme: „ welche Mittel könnte ich einsetzen den starken Trieb jederzeit zu kontrollieren, sofern es nötig ist? „ (geistige Verdrängung der visuellen Fantasie in meinem Kopf und Unterdrückung der körperlichen Erregung durch Erzeugung anderer Gedanken. Reellen Anregungen bewusst aus dem Weg gehen.)

Knie und Ellenbogen: „ was hat mein Charisma mit meinem Trieb zu tun? „ (er wurde von Kindheit an, ab dem 9. bis 10. Lebensjahr, Bestandteil meiner Persönlichkeit. Ich muss herausfinden in welchen Regionen sich mein Trieb befindet, wir er definiert ist, ob er im Einklang mit der Liebe steht.)

Schenkel und Oberarme: „ welchen Einfluss hat mein Trieb auf die Gesamtkapazität meiner energetischen Leistungs- und Konzentrationsfähigkeit? „ (sofern er nicht regelmäßig gestillt wird eine außerordentliche Größe. Ich gerate in ein völliges Ungleichgewicht und finde keine Ruhe für die Ausübung anderer Tätigkeiten. Der Trieb steht oft im Vordergrund. Ich muss einen Weg finden ihn ohne Mühe isolieren zu können, bis er gestillt werden darf.)

Genitalien: „ was für eine Orientierung besitzt mein Trieb? „ (er will über meinem Willen stehen, obwohl er für mein Überleben nicht lebensnotwendig ist. Gelingt es mir meinen Willen über den Trieb zu stellen, kann ich ihn nach Bedarf leben lassen oder eben nicht.)

Unterbauch: „ was muss eliminiert werden, damit der Wille stärker als der Trieb wird? „ (der Trieb muss zu einem Unterprogramm vom Willen werden. Nicht umgekehrt oder gleichwertig. Der Wille steuert den Trieb.)

Oberbauch: „was muss ich annehmen, dass der Trieb zu einem Unterprogramm von meinem Willen wird." (ich wurde mein ganzes Leben lang stark vom Trieb gesteuert. Ich muss es begreifen, dass es so nicht mehr geht. Ich erwarte deine Hilfe und werde sie dankend annehmen.)

Brust: „ welche Impulse benötige ich zur Umsetzung meines Vorhabens? (ich muss mir entsprechendes Wissen aneignen, damit ich die Steuerung meines Selbst begreife.)

Mund: "Wie sollte das Bedürfnis der Befriedigung meines Triebes zukünftig geregelt werden?"
(Es sollte an die Bedürfnisse der Menschen die ich liebe, die mich lieben angepasst werden.)

Nase: "Welche Möglichkeiten habe ich das dieses so geschieht?"
(absolute Ehrlichkeit mir selbst und anderen gegenüber.)

Augen: "Welche Form kann der Trieb dann annehmen?"
(Jede erdenkliche.)

Ohren: "Welches ist der Sollstand des Triebes?"
(Ein sowohl körperlich als auch geistiger Zustand. Es besteht eine direkte Verbindung. Geistige Kontrolle ist oberstes Gebot, dann wird der Körper folgen und sich anpassen.)

Mund: „wie sollte das Bedürfnis der Befriedigung meines Triebes zukünftig geregelt werden?" (er sollte an die Bedürfnisse der Menschen die ich liebe, die mich lieben, angepasst werden.)

Nase: „welche Möglichkeiten habe ich das dieses so geschieht?" (absolute Ehrlichkeit mir selbst und anderen gegenüber.)

Augen: „welche Form kann der Trieb dann annehmen?" (jede erdenkliche.)

Ohren: „welches ist die Substanz des Triebes ?" (ein sowohl körperlicher als auch geistiger Zustand. Es besteht eine direkte Verbindung. Geistige Kontrolle ist das oberste Gebot, dann wird der Körper folgen und sich anpassen.)

1.4.04

Verbote, Verbote, Verbote. Nich gucken, nich lache, nich rede, nich rülpsen, nich da einsaufe, Straßenseite wechseln, bloß nich auf Knüll trete, setz dich nich auf die Uhr schaue, keine Hilfe bei Bastelei, kein neues Buch, noch nicht Basteln, am Briefkasten vorbeilaufe, nich mit den Schlüssel klappern, kein Fahrrad, kein Fernseher, nich verzweifeln, aufgeben verboten, nich pummeln, keine schönen Gedanken mache, schau nich zurück, später Pippi machen, nich den Einkaufsbeutel benutzen, gib den Zehner, schaut auf soviel Kleingeld, kein Internet, keine Zukunft. Schwestern sind erwünscht, nich links zum Lochen, geradeaus laufen, einmal hüpfen, du darfst nich ausrasten, musst ganz ganz ruhig bleiben, extrem extrem wird schon gehn, müssen alle machen, beklappt bis zum abwinken, stinke stinke, Notz, das kann doch nich wahr sein, diese Zeit tick tack tick tack in Zeitlupe, aber es ist gerecht, obwohl du einfach so reingeschüsselt wurdest; es ist gerecht. Du nix rasten? Na und, wen interessiert's? Es ist gerecht, gerecht, gerecht? Du wirst nur groß, wenn du leiden kannst, wenn du was aushältst. Nich immer nur schön Wetter und Hängematte. Ne ne. Du willst nach oben? Dann friss erst mal das Bier. Und das ist erst der Anfang. Ja mein Schatz, so ist das Leben. Es ist krass, es ist hart, es ist ernst. Das Paradies schüttelt man nicht so einfach aus dem Ärmel. Es ist mehr als nur ein dummes Grinsen von Angebern und Luftkusse. Wie glaubwürdig möchtest du denn sein? Wie Opa Arschnase je nach Windrichtung? Ja ja, iss schon richtig. Du musst es ja wissen, gell? Es ist immer alles so leicht gesagt. Doch die Praxis, das Gelebte sieht ganz anders aus. Nachdem ich weiss, wer ich bin, freu ich mich auf die Vielfalt in dir. Ich kann es nicht verbergen, also kann ich es ruhig zugeben, dass mich deine Berechtigung brennend interessiert. Deine Absicht natürlich nicht zu vergessen. Ich bin stinknervös. Geladen wie sonst was.

Verbote, Verbote, Verbote. Nich gucken, nich lachen, nich reden, nich rülpsen, nich da einkaufen, Straßenseite wechseln, bloß nich auf Gulli treten, jetz nich auf die Uhr schauen, keine Hilfe bei Bastelei, kein neues Buch, noch nicht bestellen, an Briefkasten vorbei laufen, nich mit dem Schlüssel klappern, kein Zahnarzt, kein Fernseher, nich verzweifeln, aufgeben verboten, nich fummeln, keine schönen Gedanken machen, schau nich zurück, später Pippi machen, nich den Einkaufsbeutel benutzen, gib den Zehner, scheiß auf so viel Kleingeld, kein Internet, keine Zukunft, Schmerzen sind erwünscht, nich linksrum fahren, geradeaus laufen, einmal hüpfen, du darfst nich ausrasten, musst gaaaanz ruhig bleiben, extrem extrem wird schon gehen, müssen alle machen, bekloppt bis zum abwinken, stink stink, kotz, das kann doch nicht wahr sein, diese Zeit tick tack tick tack in Zeitlupe, aber es ist gerecht. Du nix verstehn?

Na und, wen interessierts? Es ist gerecht, gerecht, gerächt? Du wirst nur groß, wenn du leiden kannst, wenn du was aushälst. Nich immer nur schön Wetter und Hängematte. Ne ne. Du willst nach oben? Dann friss erst mal das hier. Und das ist erst der Anfang. Ja mein Schatz, so ist das Leben. Es ist krass, es ist hart, es ist ernst. Das Paradies schüttelt man nicht so einfach aus dem Ärmel. Es ist mehr als nur ein dummes grinsen von Angebern und Luftikusse.

Wie glaubwürdig möchtest du denn sein ? Wie Opa Arschnase je nach Windrichtung? Ja ja, iss schon richtig. Du musst es ja wissen, gell? Es ist immer alles so leicht gesagt. Doch die Praxis, das gelebte sieht ganz anders aus. Nachdem ich weiß wer ich bin freu ich mich auf die Wahrheit in dir. Ich kann es nicht verbergen, also kann ich es ruhig zugeben, dass mich deine Berechtigung brennend interessiert. Deine Absicht natürlich nicht zu vergessen. Ich bin stinksauer. Geladen wie sonst was.

1.5.2004

Jede Minute ein Schlag der mich trifft. So fein ist diese Folter strukturiert, dass ich ihr machtlos ausgeliefert bin. Ein Tag ist eine Woche oder ein Monat. Sehe ich zurück, dann frage ich mich, wie ich es bis hier hin ausgehalten habe ohne mich zu vergessen. 4 1/2 Jahre negative Power. Sehe ich noch weiter zurück, dann scheint mein Leben eine einzige Farce. Fatalismus vom feinsten. Welche Macht in diesen Emotionen steckt kann ich nur ahnen, ebenso die Macht, die wahrhaftig in dir wohnt. Es stimmt, ich bin ein abhängiger Nixraffer. Und das tut scheiße weh. Alles tut weh. Nix iss wie es war, aber bei all den Dingen die ich gebaut habe, ist es wohl auch besser so, dass die Zeiten vorbei sind. So ein Mist aber auch, dass ich die Zukunft nicht mehr sehe. Keinerlei Vorstellung wie es weitergehen soll. Es ist so schäbig dunkel, dass selbst die Ziele für den nächsten Tag verschwinden. Was für Ziele sollen das denn sein? Fahrrad fahren, laufen, Ruh'n, laufen, wohin?, absteigen, aufsteigen, meine Ruhe, Stress, welcher Ort, wohin?, diesen Weg oder jenen?, überall Fratzen Fratzen Fratzen. Essen möglich oder doch besser nicht? Was trinken oder eher später? Dein Wille? Ist das dein Wille? Leiden um zu leben. Ohne Leid meine wahre Freud? In mir alles tot, nur der Schmerz lebt. Fratze Fratze Fratze, überall diese Fratze. Es ist nicht auszuhalten. Ich bin nicht bereit die Welt, ein mögliches Leben mit solche Dingen zu teilen. Ich hab die Schnauze voll von diesen Kreaturen. Hab die Schnauze voll von dieser Zeit. Lang genug schon terrorisiert du mich. Wie kann ich dir nur gefallen, wenn ich mir noch nicht einmal noch, sicher bin, ob ich mit links oder rechts die Treppe hinauf gehen soll. Apfelsaft oder Wasser oder besser gar nichts? Handwäsche oder Schreiner oder Zahnbürstenstopfe? Wie nah lasse ich Fremde an mich heran? Wie nah darf sie? Wann mache ich was wozu?? Wie schlafe ich ei'? An wen denke ich? Für wen lohnt es sich? Wie funktioniere ich frei ohne zu zerstören? Dieser Schmerz ist unsagbar, diese bodenlose abgrundtiefes Trauern. Die Bilder in meinem Kopf furchtbarunlieb. Da sind selbst die Dinge von dir kaum ein Halt. Sie nehmen mir nicht die Qual, aber sie geben mir Hoffnung, obwohl alles voller Lügen und Trugbildern ist. Hinfälle Pinfälle... Zum Glück ist es nun nicht mehr so kalt wie im Winter. Diese ständige Kälte, diese 12-15° in der Wohnung. Zum Kotzen. Diese Abhängerei im Grauen. Bin Grauen ein Grauen ein Grauen. Ziele? Alles kaputt. Gibt nur Ziele. Mich darfst du nicht fragen, kann ich frei leben ohne ein schlechtes Gewissen? Wie soll das nur gehen? Alles kaputt. Nix funktioniert. Hat es vorher funktioniert? Wohl kaum. Darf man das machen? Darf man das hier leben? Ich freu mich auf den Tag, an dem du endlich mit mir redest. Es wird echt Zeit. Es ist längst fällig. überfällig.

Jede Minute ein Schlag der mich trifft. So fein ist diese Folter strukturiert, dass ich ihr machtlos ausgeliefert bin. Ein Tag ist eine Woche oder einen Monat. Sehe ich zurück dann frage ich mich, wie ich es bis hierhin ausgehalten habe ohne mich zu vergessen. 4 ½ Jahre negative Power. Sehe ich noch weiter zurück, dann scheint mein Leben eine einzige Farce. Fatalismus vom feinsten. Welche Macht in diesen Emotionen steckt kann ich nur ahnen, ebenso die Macht, die wahrhaftig in mir wohnt. Es stimmt, ich bin ein ahnungsloser Nixraffer. Und das tut scheiße weh. Alles tut weh. Nix iss wie es war, aber bei all den Dingern die ich gebaut habe, ist es wohl auch besser so, dass die Zeiten vorbei sind.

So ein Mist aber auch, dass ich die Zukunft nicht mehr sehe. Keinerlei Vorstellung wie es weitergehen soll. Es ist so schäbig dunkel, dass selbst die Ziele für den nächsten Tag verschwinden. Was für Ziele sollen das denn sein? Fahrrad fahren, laufen, laufen, laufen, wohin? Absteigen, aufsteigen, keine Ruhe, Stress, welcher Ort, wohin? Dieser Weg oder jener? Überall Fratzen Fratzen Fratzen. Essen möglich oder doch besser nich? Was trinken oder eher später? Dein Wille? Ist das dein Wille? Leiden um zu leben. Ohne Leid keine wahre Freud? In mir alles tot, nur der Schmerz lebt.

Fratzen Fratzen Fratzen, überall diese Fratzen. Es ist nicht auszuhalten. Ich bin nicht bereit eine Welt, ein mögliches Leben mit solchen Dingern zu teilen. Ich hab die Schnauze voll von diesen Kreaturen. Hab die Schnauze voll von dieser Zeit. Lang genug schon zerreißt du mich. Wie kann ich dir nur gefallen, wenn ich mir nicht noch einmal mehr sicher bin, ob ich mit links oder rechts die Treppe hinauf gehen soll. Apfelsaft oder Wasser oder besser gar nichts? Handwerker oder Schreiner oder Zahnbürstenstopfer? Wie nah lasse ich Freunde an mich heran? Wie nah dürfen Sie? Wann mache ich was kaputt? Wie schlafe ich ein? An wen denke ich? Für wen lohnt es sich?

Wie funktioniere ich frei ohne zu zerstören. Dieser Schmerz ist unsagbar. Diese Gedanken abgrundtiefes Grauen. Die Bilder in meinem Kopf furchterbarklich. Da sind selbst die Dinge von dir kaum ein Halt. Sie nehmen mir nicht die Qualen, aber sie geben mir Hoffnung, obwohl alles voller Lügen und Trugbilder ist. Hinhalten hinhalten...... Zum Glück ist es nun nicht mehr so kalt wie im Winter. Dieser ständige Regen, diese 12 bis 15 Grad in der Wohnung. Zum kotzen. Diese Abhängerei ein Graus ein Graus ein Graus ein Graus. Ziele? Alles kaputt. Gibt keine Ziele.

Mich darfst du nicht fragen. Kann ich frei leben ohne ein schlechtes Gewissen? Wie soll das nur gehen? Alles kaputt. Nix funktioniert. Hat es vorher funktioniert? Wohl kaum. Darf man das machen? Darf man das hier machen? Ich freu mich auf den Tag an dem du endlich mit mir redest. Es wird echt Zeit. Es ist längst fällig. Überfällig.

7.5.2001

Immer wenn ich etwas schreibe, dann endet das Geschriebene oft nach so zwei Seiten. Komische Angewohnheit; aber ich bin eben doch ein außergewöhnlicher Schriftsteller, zumal es nichts mehr gibt worüber ich schreiben könnte, außer dem Schmerz der in mir ist, der mich nicht loslässt und mich unsagbar quält. Den ganzen Tag. Aber was erzähle ich dir das, du weißt es besser als ich. Ich begleite dich ja bestimmt mit meiner Worte, mein Geliebter. Immer dasselbe. Ist man es selbst nicht mehr schön, dann es macht leerer als leer. Man sagt, dass kein Vakuum auf der Erde erzeugt werden kann, dass an das Vakuum im Weltall herankommt. Das stimmt nicht, denn in meinem Kopf existiert solch eine Leere. Das hätte ich nie für möglich gehalten, wozu die Emotionen, die Psyche in der Lage ist. Nie für möglich gehalten, was man so alles mit sich rumschleppen kann. Liebste ███ du fehlst mir so sehr. Ich geh kaputt ohne dich. So eine Sehnsucht war mir bisher nicht bekannt. Es tut mir gegenüber der anderen, die mich liebe, schon irgendwie leid, dass ich für sie nicht mehr empfinden kann, aber was soll ich machen? Du bist die einzige, die noch diese Gefühle in mir wecken kann. Ab und zu noch mein verstorbener Vater und manchmal die ein oder andere Situation, die mir in dieser Welt begegnet. Aber eher seltener. Gott scheint sich völlig zurückgezogen zu haben, irgendwie warum zeigt er nur die Kälte an meine Sinneszelle. Sogar die Dinge um mich herum scheinen völlig leer, geben mir keine wahre Freude. Vögel pfeifen lustig wie immer, die Bäume haben bereits ein sattes grün und wenn jetzt noch das Nieseln aufhören würde und die Sonne endlich rauskäme, dann könnte man meinen es wäre ein herrlicher Frühling. Mitnichten. Mein größter Wunsch ist, dass Gott mich endlich zu sich holt. Für mich hat sich das hier erledigt. In der Liebe ist nicht unmöglich doch ist es unmöglich in diese Welt zurückzumüssen. Bei allem Respekt. Ich will auch nicht mehr. Es wäre... Ich zerbreche mir so sehr den Kopf wie ich lebe in die aussehen könnte, doch was will man vom lebenden Tod außer erwarten, als dass es möglich scheitern wird, sich diese Vorstellung auszumalen. 1. mein Bild. 2. meine Farben. Alles schwarz. Leblos, lieblos, lustlos. Ich habe meine Bauchschmerzen, weiter es nicht gebrochen und dabei wünsche ich mir so sehr die Lösung zu finden. Irgendwie fühlt ich diese Zwecklosigkeit meiner Lösungsfindung, doch will ich es nicht wahrhaben. Ich suche mich in dir, deinem Platz, den ich einnehmen könnte. Diese sehnsüchtige Wunsch zur Ruhe zu kommen und alles ist gut so wie es ist. So wie ich bin, so wie du bist. Friede, Freude, Eierkuchen.

Immer wenn ich etwas schreibe, dann endet das Geschriebene oft nach ein oder zwei Seiten. Komische Angewohnheit; aber ich bin eben doch kein außergewöhnlicher Schriftsteller, zumal es nichts mehr gibt worüber ich schreiben könnte, außer dem Schmerz der in mir ist, der mich nicht los lässt und mich unsäglich quält. Den ganzen Tag. Aber was erzähle ich dir das, du weißt es besser als ich. Ich langweile dich ganz bestimmt mit meinen Worten, meinen Gedanken. Immerzu dasselbe. Ich kann es selbst nicht mehr hören, denn es macht leerer als Leer.

Man sagt, dass kein Vakuum auf der Erde erzeugt werden kann, dass an das Vakuum im Weltall heranreicht. Das stimmt nicht, denn in meinem Kopf existiert eine solche Leere. Das hätte ich nie für möglich gehalten, was man so alles mit sich rumschleppen kann. Liebste ….. du fehlst mir so sehr. Ich geh kaputt ohne dich. So eine Sehnsucht war mir bisher nicht bekannt. Es tut mir gegenüber den anderen, die mich lieben, schon irgendwie leid, dass ich für sie nicht mehr empfinden kann, aber was soll ich machen? Du bist die einzige, die noch diese Gefühle in mir wecken kann.

Ab und zu noch mein verstorbener Vater und manchmal die ein oder andere Situation, die mir in dieser Welt begegnet. Aber eher seltener. Gott scheint sich völlig zurückgezogen zu haben, irgendwie kommt hier nur die Kälte an meine Sinneszellen. Sogar die Dinge um mich herum scheinen völlig leer, geben mir keine wahre Freude. Vögel pfeifen lustig wie immer, die Bäume haben bereits ein sattes Grün und wenn jetzt noch der Pissregen aufhören würde und die Sonne endlich rauskäme, dann könnte man meinen es wäre ein herrlicher Frühling.

Mitnichten. Mein größter Wunsch ist, dass Gott mich endlich zu sich holt. Für mich hat sich das hier erledigt. In der Liebe ist nichts unmöglich, doch ist es unmöglich in diese Welt zurückzukehren. Bei allem Respekt. Ich will auch nicht mehr. Es wäre ….. Ich zerbreche mir so sehr den Kopf wie ein Leben in dir aussehen könnte, doch was will man vom lebenden Tod auch erwarten, als dass er kläglich scheitern wird, sich diese Vorstellung auszumalen. 1. kein Bild. 2. Keine Farben. Alles schwarz. Leblos, lieblos, lustlos. Ich habe keine Chance, kriege es nicht gebacken und dabei wünsche ich mir so sehr eine Lösung zu finden.

Irgendwie fühle ich diese Zwecklosigkeit meiner Lösungsfindung, doch will ich es nicht wahrhaben. Ich suche mich in dir, einen Platz, den ich einnehmen könnte. Dieser sehnsüchtige Wunsch zur Ruhe zu kommen und alles ist gut so wie es ist. So wie ich bin, so wie du bist. Friede, Freude, Eierkuchen.

Ich hab die Schnauze so voll. Wieviel Kappes kann man denn so vertrage, bis man sich selbst regiert? Für meinen Geschmack zu viel. Dann seh ich Zurücken und sehe das Leid, dass durch meine Hände geflossen ist. Ist es ein Wunder, dass es früher oder später dann auch mich trifft? Wohl kaum. Ich würde gerne so einen rückgängig machen, aber dann ist es zu spät. Es ist geschehen. Verantwortlich ist Timo Purificato. Bitte rede endlich mit mir. Rede mit mir. Hol mich heraus aus diese dunkle Loch und sag was geschehen ist. Diese Unwissenheit, diesen mein kleiner Geist macht mich fix und fertig. Erzähl mir bitte nicht, dass man bei all den ganz bleiben kann. Irgendwas geht das kaputt, oder? So sieht es dann aus, wenn du alleine stehst. Völlige Unsinn. Die reinste Sinnlosigkeit. Da ist es wirklich besser auseinandergenommen zu werden und all die Einzelteile werde irgendwo im gute System wieder eingefügt. Hier eins und da eins und dort eins. Besser als diese Hanswurst, der da draussen rumsteht und nicht weiss, ob er hier oder da oder vielleicht dort. Hab ich dir schon gesagt, wie gross diese vermeinte Scherz ist und dass ich mich nicht so ranstehen will? Zwiebelbrot. Iss mir grad so eingefallen.

Ich hab die Schnauze so voll. Wieviel Kappes kann man denn so vertragen bis man sich selbst vergisst? Für meinen Geschmack zu viel. Dann sehe ich zurück und sehe das Leid, das durch meine Hände geflossen ist. Ist es ein Wunder dass es früher oder später dann auch mich trifft? Wohl kaum. Ich würde gerne so einiges rückgängig machen, aber dazu ist es zu spät.

Es ist geschehen. Verantwortlich ist Timo Purificato. Bitte rede endlich mit mir. Rede mit mir. Hol mich heraus aus diesem dunklen Loch und sag was geschehen ist. Diese Unwissenheit, dazu mein kleiner Geist machen mich fix und fertig. Erzähl mir bitte nicht, dass man bei all dem ganz bleiben kann. Irgendwas geht doch kaputt, oder? So sieht es dann aus, wenn du alleine stehst. Völliger Unsinn. Die reinste Sinnlosigkeit.

Da ist es wirklich besser auseinander genommen zu werden und all deine Einzelteile werden irgendwo im guten System wieder eingefügt. Hier eins und da eins und dort eins. Besser dieser Hanswurst, der da draußen rumsteht und nicht weiß, ob er hier oder da oder vielleicht dort. Hab ich dir schon gesagt, wie groß dieser verkackte Schmerz ist und dass ich nich mehr so rumstehen will? Zwiebelbrot. Iss mir grad so eingefallen.

..."Beginnen Sie mit dem Glauben, der zugleich ein Zeichen der Verdemütigung ist und ein Eingeständnis, dass wir nichts wissen, dass wir weniger sind als Atome in diesem Universum. Wir sind weniger als Atome, sage ich, denn das Atom gehorcht dem Gesetz seines Seins, während wir in dem Übermut unserer Unwissenheit das Gesetz der Natur verleugnen."....

                      aus III, 190-1-2
                      Mahatma Gandhi:

... Manchmal fand ich Menschen, die ihrerseits völlig massenpig dasselbe oder ähnliche Wahrheitsfäden erhalten hatten. Diese Bestätigung durch andere sind hilfreich und wertvoll — ohne sie ist man allein und einsam. Ohne Übereinstimmung ist man unsicher, ist man verloren ...
            John C. Lilly — Einführung
            "Das Zentrum des Zyklons" Ⓐ

... Ich bin lieber in meiner eigenen Mitte, fast auf dem Boden, und helfe anderen, in ihre Mitte und auf den Boden zu kommen, als dass ich eine Gruppe aufbaue, die mich anbetet. ... J.C.L.   S. 44 Ⓐ

...O: Immer innen; seines Lebens, vollkommen neu, vollkommen ohne Sünde, keine Abweichungen, kein Ego, völlig rein
           J.C.L.   S. 176

…" Beginnen Sie mit dem Glauben, der Zugleich ein Zeichen der Verdemütigung ist und ein Eingeständnis, dass wir nichts wissen, dass wir weniger sind als Atome in diesem Universum. Wir sind weniger als Atome, sage ich, denn das Atom gehorcht dem Gesetz seines Seins, während wir in dem Übermut unserer Unwissenheit das Gesetz der Natur verleugnen."…

Mahatma Gandhi

… Manchmal fand ich Menschen, die ihrerseits völlig unabhängig denselben oder ähnliche Wahrheitsfäden entdeckt hatten. Diese Bestätigungen durch andere sind hilfreich und kostbar – ohne sie ist man allein und einsam. Ohne Übereinstimmung ist man unsicher, ist man verloren…

John C. Lilly

… Ich bin lieber in meiner eigenen Mitte, fest auf dem Boden, und helfe anderen, in ihre Mitte und auf den Boden zu kommen, als dass ich eine Gruppe aufbaue, die mich anbetet.

John C. Lilly

… O. Immer innen; reines Leben, vollkommen neu, vollkommen ohne Sünde, keine Abweichungen, kein Ego, völlig rein.

John C. Lilly

Wie die Dinge sich im Laufe der Zeit ändern, der Charakter, die Meinung, die Ansicht ist schon sehr erstaunlich. Wertvolle Lebenseinstellungen werden wertlos und umgekehrt. Die Nahrung die wir in uns nehmen ist ein immenses göttliches Geschenk. Es ist furchtbar hungern oder dursten zu müssen. Kleidung die uns wärmt soll, Häuser, Wohlstand, alles in Hülle und Fülle. Schade, dass wir nicht so sehr dankbar sein können, es nicht erkennen, was uns geschenkt wird. Die ganze Erde könnte in Frieden und Harmonie leben. Ebenso haben wir es nicht nötig die Tierwelt dermaßen auszunutzen und zu verspeisen. Dieser Planet ist so wertvoll und einzigartig. Das Gleiche gilt für uns Menschen. Meine Güte, was habe ich so alles in meinem Leben verbockt. So viele Fehler, darunter überaus schwerwiegende. Ich habe so viel Leid zugefügt. Ich möchte es nicht mehr, ich möchte anständig und rechtschaffen sein. Ich möchte mich nicht mehr so benehmen. Neulich ging ich zum Grab meines verstorbenen Vaters, was ich eigentlich nicht mehr tun wollte, weil ich doch in der Bibel las, dass nur die Toten die Toten begraben. Ich ging trotzdem, denn etwas zog mich dort hin. Ich bin der Meinung, dass man nicht jedes Wort glauben soll, was man so liest, egal wo es steht. Jedenfalls was ich selbst ergriffe, viele Bilder der Erinnerung kommen in mir hoch. Ich habe meinen Vater schon sehr geliebt, wie wertvoll doch so vieles sein kann. Über das Sterbe denke ich auch nach, wer macht das nicht. Ich persönlich finde, dass man mich in die billigste Kiste stecken kann, die es gibt und man muss auch nicht jede Woche an meinem Grab stehen, denn da liegt ja nur noch der Körper, den meine Seele für eine gewisse Zeit bewohnte. Und dann diese ganze Schauspielerei und die Heuchelei der schönen Worte. Das mag ich nicht. Ich möchte, dass wir wahr zueinander sind. Ich möchte, dass diese Lügen in uns endlich ein Ende haben. Und wenn ich der Meinung bin, dass du eine komische Putzmarke bist, dann möchte ich das auch sagen dürfen. Aber bitte nix mehr hintereinander Rücken. Wer mich nicht leiden kann, der kann es eben nicht. Vielleicht kann er es ja zu einer anderen Zeit. Und davon haben viele von uns genug, denn Gott schenkt uns die Ewigkeit. Dieser liebe Gott, so wie ich ihn heute kenne, oh Mann, ich freue mich wahnsinnig auf ihn.

Wie die Dinge sich im Laufe der Zeit ändern, der Charakter, die Meinung, die Ansichten, ist schon sehr erstaunlich. Wertvolle Lebensanschauungen werden wertlos und umgekehrt. Die Nahrung die wir zu uns nehmen ist ein inneres göttliches Geschenk. Es ist furchtbar hungern oder dursten zu müssen. Kleidung die uns warm hält, Häuser, Wohlstand, alles in Hülle und Fülle. Schade, dass wir nicht so sehr dankbar sein können, es nicht erkennen, was uns geschenkt wird. Die ganze Erde könnte in Frieden und Harmonie leben. Ebenso haben wir es nicht nötig die Tierwelt dermaßen auszunutzen und zu verspeisen.

Dieser Planet ist so wertvoll und einzigartig. Das gleiche gilt für uns Menschen. Meine Güte, was habe ich so alles in meinem Leben verbockt. So viele Fehler, darunter überaus schwerwiegende. Ich habe so viel Leid zugefügt. Ich möchte es nicht mehr, ich möchte anständig und rechtschaffen sein. Ich möchte mich nicht mehr so besudeln. Neulich ging ich zum Grab meines verstorbenen Vaters, was ich eigentlich nicht mehr tun wollte, weil ich doch in der Bibel las, dass nur die Toten die Toten begraben. Ich ging trotzdem, denn etwas zog mich dorthin.

Ich bin der Meinung das man nicht jedes Wort glauben soll, was man so liest, egal wo es steht. Jedenfalls war ich sehr ergriffen, viele Bilder der Erinnerung kamen in mir hoch. Ich habe meinen Vater schon sehr geliebt. Wie wertvoll doch so vieles sein kann. Über das Sterben denke ich auch nach, wer macht das nicht. Ich persönlich finde das man mich in die billigste Kiste stecken kann die es gibt und man muss auch nicht jede Woche an meinem Grab stehen, denn da liegt ja nur noch der Körper den meine Seele für eine gewisse Zeit bewohnte. Und dann dieser ganze Schnickschnack und die Heuchelei der schönen Worte.

Das mag ich nicht. Ich möchte das wir wahr zueinander sind. Ich möchte das diese Lügen in uns endlich ein Ende haben. Und wenn ich der Meinung bin dass Du eine komische Pupsnase bist, dann möchte ich das auch sagen dürfen. Aber Bitte nix mehr hinterm Rücken. Wer mich nicht leiden kann, der kann es eben nicht. Vielleicht kann er es ja zu einer anderen Zeit. Und davon haben viele von uns genug, denn Gott schenkt uns die Ewigkeit. Dieser liebe Gott, so wie ich ihn kenne,oh Mann, ich freue mich wahnsinnig auf ihn.

2.06.2004

Ich lebe nun schon seit ca 2 Jahren mehr oder weniger enthaltsam. Eher ist es selten, dass ich mich nicht beherrschen kann und mich selbst befriedige. In der Anfangsphase der Enthaltsamkeit war es am schwierigsten. Ich hielt 7 Monate durch, dann jedoch ließ ich mich gehen. Ich brauchte mich noch nicht einmal mit der Hand zu berühren, schlug die Beine übereinander, versank in Gedanken und ejakulierte. Danach hatte ich ein schlechtes Gewissen. Jedesmal wenn ich die Enthaltsamkeit nicht länger aushielt kam dieses schlechte Gefühl in mir hoch. Ich bin froh, wenn ich die Kontrolle habe. Ich möchte nicht mehr jeder Frau hinterher glotzen, oder sie ständig ███████████████. Und seit einige Monate habe ich glücklicherweise auch einerlei Verlangen mehr in mir das so zu machen. Lange genug wurde ich von meine Triebe beherrscht. Sie brachten mir Leid. Das will ich nicht mehr. Ich möchte von ganzem Herzen lieben, möchte den inneren Wert der Seelen wertschätzen und achten, möchte nicht mehr benutzen und ausnutzen. Ich möchte freundliche, ehrliche Gesellschaft. Tiefe Verbindungen ohne Hass und Neid. Lieber Gott, ich wünsche mir, dass du uns deine gnadenvolle vergebende Erlösung schenkst. Wir haben es bitter nötig. Denn nur so werden wir gerettet. Es gibt bestimmt einige, mich eingeschlossen, die dir so einiges nicht wieder gut machen können. Ich hoffe so sehr, dass d(er) versprochene Himmel nicht mehr lange auf sich warten lässt. Nur durch dich ist es möglich dieses Wunder des ewige Friedens zu vollbringen. Immerwährende ewige Sicherheit.

Ich lebe nun schon seit 2 Jahren mehr oder weniger enthaltsam. Eher ist es selten dass ich mich nicht beherrschen kann und mich selbst befriedige. In der Anfangsphase der Enthaltsamkeit war es am schwierigsten. Ich hielt 7 Monate durch, dann jedoch ließ ich mich gehen. Ich brauchte mich noch nicht einmal mit der Hand zu berühren, schlug die Beine übereinander, versank in Gedanken und ejakulierte. Danach hatte ich ein schlechtes Gewissen.

Jedes Mal wenn ich die Enthaltsamkeit nicht länger aushielt kam dieses schlechte Gefühl in mir hoch. Ich bin froh wenn ich die Kontrolle habe. Ich möchte nicht mehr jeder Frau hinterher glotzen, oder ihr ständig ….Und seit einigen Monaten habe ich glücklicherweise auch keinerlei Verlangen mehr in mir das so zu handhaben. Lange genug wurde ich von meinen Trieben beherrscht. Sie brachten nur Leid.

Das will ich nicht mehr. Ich möchte von ganzem Herzen lieben, möchte den inneren Wert der Seelen wertschätzen und achten, möchte nicht mehr benutzen und ausnutzen. Ich möchte freundliche, ehrliche Gesellschaft. Tiefe Verbindungen ohne Hass und Neid. Lieber Gott ich wünsche mir das du uns deine gnadenvolle vergebende Erlösung schenkst. Wir haben es bitter nötig. Denn nur so werden wir gerettet.

Es gibt bestimmt einige, mich eingeschlossen, die dir so einiges nicht wieder gutmachen können. Ich hoffe so sehr, dass der versprochene Himmel nicht mehr lange auf sich warten lässt. Nur durch dich ist es möglich dieses Wunder des ewigen Friedens zu vollbringen. Immerwährende ewige Sicherheit.

11.06.2004

Meine Bedürfnisse haben sich sehr stark gewandelt. Ich sehne mich nach Frieden und Ruhe. Möchte so vieles wieder gut machen (was leider nicht geht), möchte wissen erwerben und disziplinierter sein. Heute sehe ich das anders, dass ich oft einfach so in den Tag gelebt habe und nicht an die Zukunft gedacht habe. Dabei ist es auch so wichtig an das System, die anderen Menschen, die nächste Generationen zu denken. Nicht immer nur sein eigenes Wohl in den Vordergrund stellen. Wir haben alle ein Recht darauf. Auf den anderen achten, ihn respektieren und wertschätzen wie sein eigenes Leben. An zu fordern und voran zutreiben ohne Neid und Missgunst. Ich sehne mich nach ehrlicher, netter, freundlicher, herzlicher Gesellschaft. Bequäme die das Leben vermissen. Meine sexuellen Neigungen sind mittlerweile so belanglos, dass es mir wie nie eine echte Beziehung vorkommt. Ich möchte einfach nur noch zärtliche Liebe. Auch wenn ich vieles nicht mehr fühlen kann, weil alle Emotionen in mir erstarrt sind, vom Schmerz mal abgesehen, weiss ich, dass ████ wahrhaftig zu mir gehört. Ich bin sicher, dass sich eines Tages dieser Wunsch erfüllen wird und wir wieder zusammenfinden, obwohl wir seit 2 Jahren keinen Kontakt mehr haben. Ich gehe nicht davon aus, dass es in dieser Welt geschehen wird. Gott wird uns nicht im Stich lassen, denn er lässt keinen fallen, der die Liebe leben will. Meine Hoffnung endlich schöne Zeiten zu erleben sind immer noch nicht erloschen. Aber die Zeit vergeht so langsam und das Warten ist echt bitter.

Meine Bedürfnisse haben sich sehr stark gewandelt. Ich sehne mich nach Frieden und Ruhe. Möchte so vieles wieder gut machen (was leider nicht geht), möchte Wissen erwerben und diszipliniert sein. Heute sehe ich das anders, das ich oft einfach so in den Tag gelebt habe und nicht an die Zukunft gedacht habe. Dabei ist es auch so wichtig an das System, die anderen Menschen, die nächsten Generationen zu denken.

Nicht immer nur sein eigenes Wort in den Vordergrund stellen. Wir haben alle ein Recht darauf. Auf den anderen achten, ihn respektieren und wertschätzen wie sein eigenes Leben. Ihn zu fördern und voranzutreiben ohne Neid und Missgunst. Ich sehne mich nach ehrlicher, netter, freundlicher, herzlicher Gesellschaft. Gespräche die das Leben versüßen.

Meine sexuellen Neigungen sind mittlerweile so belanglos, dass es mir wie eine echte Befreiung vorkommt. Ich möchte einfach nur noch zärtliche Liebe. Auch wenn ich vieles nicht mehr fühlen kann, weil alle Emotionen in mir erstarrt sind, vom Schmerz mal abgesehen, weiß ich, das ….. wahrhaftig zu mir gehört. Ich bin sicher, dass sich eines Tages dieser Wunsch erfüllen wird und wir wieder zusammenfinden, obwohl wir seit 2 Jahren keinen Kontakt mehr haben.

Ich gehe nicht davon aus, dass es in dieser Welt geschehen wird. Gott wird uns nicht im Stich lassen. Denn er lässt keinen fallen der die Liebe leben will. Meine Hoffnung endlich schöne Zeiten zu erleben sind immer noch nicht erloschen. Aber die Zeit vergeht so langsam und das Warten ist echt bitter.

7.7.2004

Zu welchem Zeitpunkt begann das Gefühl beobachtet zu werden?

Ich kann mich nicht mehr genau erinnern, aber der Auslöser war ein Erlebnis, das am frühen Morgen nach einer Techno mit einem ehemaligen Bekannten begann. Ich denke nicht, dass ich vor dieser Zeit schon das Gefühl hatte beobachtet zu werden, obwohl ich mich bereits inmitten der Drogenszene aufhielt. Mit Drogenszene meine ich den Umgang, der es mir ermöglichte entsprechende Drogen zu nennen, die ich konsumieren wollte. Es war also schon die Zeit, in der ich Ecstasy, Hasch und dergleichen zu mir nahm.

Verstärkt wurde dieses Observierungsgefühl sicherlich durch die Tatsache, dass ich in mir einiges zu verbergen hatte. Themen, die ich gerne für mich behielt, ██ ██, Freiersgänge im Rotlicht-milieu und nicht zu vergessen der Umgang mit verbotenen Suchtmitteln, wobei ich betonen möchte nicht gedealt zu haben und es auch nicht vorhatte. Mich nannte man eher als den konsumierten Bekannten. Welches Jahr mag das gewesen sein, der fand tanga nach dieser Techno?

Ich denke es war im Sommer 1996. Wir waren unterwegs, hatten bestimmt einiges getrunken und gekifft und verliessen die Bochumer Diskothek früh morgens gegen 5-6 Uhr. Draussen vor der Tür trafen wir spontan eine Gruppe von fremden Menschen, der wir uns zu einer privaten Aftershow anschlossen. Es stellte sich heraus, dass diese Gruppe, bestehend aus Männern als auch Frauen, ebenso mit Drogen zu tun hatte. Ich war dicht an meine Pillen und schluckte erstmal gierig 2-3 Stück, wobei ich vielleicht eine Stunde später einiges durch erbrechen wieder loswurde. Dennoch war ich stoned bis zum abwinken. Wir sassen herum und kamen auf die Idee das Sitting zu verlege. Ich bot meine Wohnung an und wir fuhren zu mir. Der Bekannte hatte meine Lust nicht und auch einige andere nicht. Es waren dennoch ca 5 mir unbekannte Menschen. Eine Frau, der Rest Männer und ein Hund, der mitgenommen wurde, weil es sonst zu lang alleine gewesen wäre. Als wir bei mir eintrafen war erst mal alles so weit in Ordnung, doch nach vielleicht 2 Stunden schlug die Situation um. Ich hatte das Gefühl, dass man über mich redete. Nicht unbedingt mit Worten, sondern eher mit Blicken und verschiedenen Gestiken. Auch der Hund verhielt sich plötzlich so ganz anders. Ich bemerkte, dass er auf kleine Handzeichen seines Besitzers perfekt reagierte und anfing in der Wohnung herumzuschnüffeln. Was hatte ich mir da ins Haus geholt? Verdeckte Ermittler? Ich soll observiert werden? Ein Drogenhund? Den Gedanken wurde ich nicht mehr los. Ich bekam ein sehr mulmiges Gefühl, wollte diese Gruppe loswerden. Doch wie, ohne dabei aggressiv zu sein. Ich muss gestehen, ich hatte auch Angst. Ich rief einen Freund an, der sich auf den Weg machte

Zu welchem Zeitpunkt begann das Gefühl beobachtet zu werden? Ich kann mich nicht mehr genau erinnern, aber der Auslöser war ein Erlebnis, das am frühen Morgen nach einer Zechtour mit einem ehemaligen Bekannten begann. Ich denke nicht, dass ich vor dieser Zeit schon das Gefühl hatte beobachtet zu werden, obwohl ich mich bereits inmitten der Drogenszene aufhielt. Mit Drogenszene meine ich den Umgang, der es mir ermöglicht an die entsprechenden Drogen zu kommen, die ich konsumieren möchte. Es war also schon die Zeit, in der ich Ecstasy, Hasch und dergleichen zu mir nahm.

Verstärkt wurde dieses Observierungsgefühl sicherlich durch die Tatsache, dass ich in mir einiges zu verbergen hatte. Themen die ich gerne für mich behielt, …., Freiersgänge im Rotlichtmilieu und nicht zu vergessen den Umgang mit verbotenen Suchtmitteln, wobei ich betonen möchte nicht gedealt zu haben und es auch nicht vorhatte. Mich konnte man eher als den Konsumenten betrachten. Welches Jahr mag das gewesen sein, der frühe Morgen nach dieser Zechtour. Ich denke es war im Sommer 1996. Wir waren unterwegs, hatten bestimmt einiges getrunken und gekifft und verließen die Bochumer Diskothek morgens gegen 5 bis 6 Uhr.

Draußen vor der Tür lernten wir spontan eine Gruppe von Menschen kennen der wir uns zu einer privaten Afterhour anschlossen. Es stellte sich heraus dass diese Gruppe, bestehend aus Männern als auch Frauen, ebenso mit Drogen zu tun hatten. Ich kam leicht an meine Pillen und schluckte erstmal gierig 2-3 Stück, wobei ich vielleicht 1 Stunde später einiges durch Erbrechen wieder los wurde. Dennoch war ich stoned bis zum abwinken. Wir saßen herum und kamen auf die Idee das sit in zu verlegen. Ich bat meine Wohnung an und wir fuhren zu mir. Der Bekannte hatte keine Lust mehr und auch einige andere nicht. Es waren dennoch ca.5 mir unbekannte Menschen.

Eine Frau, der Rest Männer und ein Hund, der mitgenommen wurde, weil er sonst zu lang allein gewesen wäre. Als wir bei mir eintrafen war erst noch soweit alles in Ordnung, doch nach vielleicht 2 Stunden schlug die Situation um. Ich hatte das Gefühl das man über mich redete. Nicht unbedingt mit Worten, sondern eher mit Blicken und verschiedenen Gestiken. Auch der Hund verhielt sich plötzlich so ganz anders. Ich bemerkte das er auf kleine Handzeichen seines Besitzers perfekt reagierte und anfing in der Wohnung herum zu schnüffeln. Wen hatte ich mir da ins Haus geholt? Ich soll observiert werden? Ein Drogenhund? Den Gedanken wurde ich nicht mehr los.

Ich bekam ein sehr mulmiges Gefühl, wollte diese Gruppe loswerden. Doch wie, ohne dabei aggressiv zu sein. Ich muss gestehen, ich hatte Angst. Ich rief einen Freund an der sich auf den Weg machte und mich letztendlich unterstützte diese kleine „Feier" aufzulösen.

und mich letztendlich unterstützte diese kleine "Feier" aufzulösen. Mir fiel dann noch auf, dass die Frau kurz vorher noch in der Küche war und so komisch geschmunzelt hat. War das ein Test, um die Funktion der installierten Wanzen sicherzustellen? Mir ging das alles nicht mehr aus dem Kopf. Als dann endlich alle weg waren, redete ich noch kurz mit dem Freund, der daraufhin auch kurze Zeit später die Wohnung verließ. Nun war ich allein, immer noch ein wenig stoned, aber ich möchte eher sagen im "bad trip". Ich durchsuchte 10 Stunden lang, den ganzen Tag, die Wohnung nach Wanzen. Gefunden hatte ich nichts. Als ich am nächsten Tag wach wurde, gähnte ich erstmal sehr ausgiebig und auffällig und grüsste tatsächlich mit Worten aus meinem Munde die Polizei. Ich begann ein kleines Gespräch, bei dem ich zu erkennen gab, dass gerne als verdeckter Ermittler tätig werden zu können. Ich würde gerne mitmachen wollen. Antworten habe ich bis heute nicht erhalten, aber viele Situationen erlebt, besser gesagt gelebt, die man durchaus mit Verfolgungswahn bezeichnen kann. Eines kann ich sagen. Es ist kein schönes Gefühl.

Mir fiel dann noch auf, dass die Frau kurz vorher noch in der Küche war und so komisch rumhustete. War das ein Test um die Funktion der installierten Wanzen sicherzustellen? Mir ging das alles nicht mehr aus dem Kopf. Als dann endlich alle weg waren redete ich noch kurz mit dem Freund, der daraufhin auch kurze Zeit später die Wohnung verließ. Nun war ich allein, immer noch ein wenig stoned, aber ich möchte eher sagen „ein bad trip".

Ich durchsuchte 10 Stunden lang, den ganzen Tag, die Wohnung nach Wanzen. Gefunden hatte ich nichts. Als ich am nächsten Tag wach wurde gähnte ich erstmal sehr ausgiebig und auffällig und grüßte tatsächlich mit Worten aus meinem Munde die Polizei. Ich begann ein kleines Gespräch, bei dem ich zu erkennen gab, doch gerne als verdeckter Ermittler tätig werden zu können.

Ich würde gerne mitmachen wollen. Antworten habe ich bis heute nicht erhalten, aber viele Situationen erlebt, besser gesagt gelebt, die man durchaus mit Verfolgungswahn bezeichnen kann. Eines kann ich sagen. Es ist kein schönes Gefühl.

Juli 2004

Meine allerliebste ███, mein allerliebstes Herz,

ich würde dir so gerne mal einen kleinen Brief schreiben. Ich habe dich nun schon 2½ Jahre nicht mehr gesehen und dieser Brief wird dich auch nicht erreichen, denn du bist ja schon einige Zeit nicht mehr in ███, was ich durch Zufall erfahren habe, als ich die Post bringen wollte, die hier bei mir im Briefkasten landete. Es ist schon ein Kreuz mit mir. Es tut mir leid, aber ich liebe dich noch wie vor und noch viel mehr. Ich schreibe dir diese Zeilen aus tiefster Not und wünsche mir von ganzem Herzen, dass diese Not sich nicht auf dich und deine Welt in deinem Herzen überträgt. Mögest du und der dich beschützt für alle Zeit in Sicherheit leben. Habe ich dir schon gesagt, wie wunderschön ich dich finde und wie sehr ich dich vermisse? Nein? Heute noch nicht? Du bist so wunderschön allerliebste ███. Wer hat dich nur so schön gemacht? Ich bin ja so ein Narr, so ein Dummkopf. Da liebe ich dich immer und anstatt sorgsam auf dich aufzupassen mache ich das genaue Gegenteil. Ich bringe uns in Gefahr, bin nicht in der Lage dir beizustehen. Ich lass dich einfach allein und erkenne nicht das unermessliche Glück, das von dir ausgeht. Deine herrliche Hingabe, deine liebreizende Einzigartigkeit. Viele Worte sind zu klein, um dir zu sagen, was du für mich bist.

Aber wie das im Leben und in der Liebe wohl oft so ist, so ist es auch bei uns. Du warst ja vor 2½ Jahren bereits wieder liiert und ihr seid bestimmt nun zusammen. Vielleicht hast du schon ein Kind, oder ihr seid verheiratet. Deine jetzige Beziehung ist bestimmt glücklicher als das was wir versucht haben, zumal ich ja derjenige war, der dich nicht so begreifen konnte wie du es dir vorgestellt hast.
Dabei begreife ich dich sehr, nur ist es leider alles so kompliziert. Ich bin nicht in der Lage es hinzureichend erklären zu können.
Du wirst diesen Brief auch nicht zu lesen bekommen, denn ich werde dich nicht aufsuchen, um dich mit meinen Gefühlen zu belästigen. Du führst sicherlich ein anderes Leben, aber vielleicht erinnerst du dich manchmal an mich und vielleicht hast du mich trotzdem noch ein wenig lieb. Ich habe Angst. Angst um die Liebe, denn ich versage jämmerlich. Möge Gott die Macht besitzen, an die ich glaube. Es muss so sein, denn es geht nicht anders. Amen.

Meine allerliebste …, mein allerliebstes Herz,

Ich würde dir so gerne mal einen kleinen Brief schreiben. Ich habe dich nun schon 2 ½ Jahre nicht mehr gesehen und dieser Brief wird dich auch nicht erreichen, denn du bist ja schon einige Zeit nicht mehr in ….., was ich durch Zufall erfahren habe, als ich die Post bringen wollte, die hier bei mir im Briefkasten landete. Es ist schon ein Kreuz mit mir. Es tut mir leid, aber ich liebe dich nach wie vor und noch viel mehr. Ich schreibe dir diese Zeilen aus tiefster Not und wünsche mir von ganzem Herzen, dass diese Not sich nicht auf dich und deine Welt in deinem Herzen überträgt.

Mögest du und der dich beschützt für alle Zeit in Sicherheit leben. Habe ich dir schon gesagt wie wunderschön ich dich finde und wie sehr ich dich vermisse? Nein? Heute noch nicht? Du bist so wunderschön allerliebste … Wer hat dich nur so schön gemacht? Ich bin ja so ein Narr, so ein Dummkopf. Da lerne ich dich kennen und anstatt sorgsam auf dich aufzupassen mache ich genau das Gegenteil. Ich bringe uns in Gefahr, bin nicht in der Lage dir beizustehen. Ich lass dich einfach allein und erkenne nicht das unermessliche Glück das von dir ausgeht.

Deine herzliche Hingabe, deine liebreizende Einzigartigkeit. Viele Worte sind zu klein um dir zu sagen wer du für mich bist. Aber wie das im Leben und in der Liebe wohl so oft ist, so ist es auch bei uns. Du warst ja vor 2 ½ Jahren bereits wieder liiert und Ihr seid bestimmt noch zusammen. Vielleicht hast du schon ein Kind oder ihr seid verheiratet. Deine jetzige Beziehung ist bestimmt glücklicher als das was wir versucht haben, zumal ich ja derjenige war, der dich nicht so begehren konnte wie du es dir vorgestellt hast.

Dabei begehre ich dich sehr, nur ist es leider alles so kompliziert. Ich bin nicht in der Lage es hinreichend erklären zu können. Du wirst diesen Brief auch nicht zu lesen bekommen, denn ich werde dich nicht aufsuchen um dich mit meinen Gefühlen zu belästigen. Du führst sicherlich ein anderes Leben, aber vielleicht erinnerst du dich manchmal an mich und vielleicht hast Du mich trotzdem noch ein wenig lieb.

Ich habe Angst. Angst um die Liebe, denn ich versage jämmerlich. Möge Gott die Macht besitzen an die ich glaube. Es muss so sein, denn es geht nicht anders. Amen.

26.07.04

Völlige Isolation, doch eine innere Hoffnung. Das kann das nicht sein. Das kann doch nicht wirklich wahr sein. Was ist es? Die reinste Hilflosigkeit. Müde und doch nicht schlafen können. Angst und Unsicherheit in einem Maß des "gerade noch ertragen können". Scheußliches Gefühl. Was geschieht mit mir? Was ist denn nur mit meinem Glauben? Ich kann es nicht mehr einordnen. Emotionen auf einer Ebene, die ich nicht fühlen kann. Gleich werde ich zur Maschine. Ich habe Angst, ich will weinen, will an das Gute glauben. Das kann doch wohl nicht wahr sein. Es tut mir so leid, dass ich es nicht schaffe. Und dann das Gefühl, dass du mir böse bist und ich dich so tief enttäusche. Das Gefühl, dass du das ahnung bist, ich könnte es schaffen. Bitte lieber Gott vergib mir. Meine Seele fliegt alleine irgendwo rum, so als ob sie verloren ist und du sie nicht mehr findest. Furchtbar. Das kann und will ich nicht glauben. Das kann nicht sein. Ich weiß doch das alles Gut wird. Ich glaube da, wo nichts mehr zu glauben ist. Ich weiß, ich bin auch ungehorsam, aber ich bin für so was wie "Leid" nicht geschaffen. Ich ertrage kein Leid. Ich hasse es zu leiden. Ich bin doch eine kleine Sonne. Das hast du mir doch selbst gesagt. Irgendwie fühle ich ganz tief drinnen das das alles so sein muss. Das das alles dazu gehört. Hoffentlich stimmt das. Doch, ganz bestimmt ist das so. Bitte tilge meine Ratlosigkeit. Ich muss diese Leere fühlen, damit ich dann besonders gut dich fühlen kann. Das hier machst du so, weil du mich liebst. Ganz bestimmt. Bitte vergib mir lieber Gott. Bitte vergib mir.

Völlige Isolation, doch ein Funke Hoffnung. Das kann doch nicht sein. Das kann doch nicht wirklich wahr sein. Was ist es? Die reinste Hilflosigkeit. Müde und doch nicht schlafen können. Angst und Unsicherheit in einem Maß des „ gerade noch ertragen können". Scheußliches Gefühl. Was geschieht mit mir? Was ist denn nur mit meinem Glauben? Ich kann es nicht mehr einordnen. Emotionen auf einer Ebene, die ich nicht fühlen kann. Gleich werde ich zur Maschine.

Ich habe Angst, ich will weinen, will an das Gute glauben. Das kann doch wohl nicht wahr sein. Es tut mir so leid dass ich es nicht schaffe. Und dann das Gefühl das du mir böse bist und ich dich so tief enttäusche. Das Gefühl dass du der Meinung bist ich könnte es schaffen. Bitte lieber Gott vergib mir. Meine Seele fliegt alleine irgendwo rum, so als ob sie verloren ist und du sie nicht mehr findest. Furchtbar. Das kann und will ich nicht glauben. Das kann nicht sein.

Ich weiß doch dass alles gut wird. Ich glaube da wo nichts mehr zu glauben ist. Ich weiß, ich bin auch ungehorsam, aber ich bin für so was wie „Leid" nicht geschaffen. Ich ertrage kein Leid. Ich hasse es zu leiden. Ich bin doch eine kleine Sonne. Das hast du mir doch selbst gesagt. Irgendwie fühle ich ganz tief drinnen dass das alles so sein muss. Dass das alles dazugehört. Hoffentlich stimmt das. Doch, ganz bestimmt ist es so.

Bitte tilge meine Restschuld. Ich muss diese Leere fühlen, damit ich dann besonders gut dich fühlen kann. Das hier machst du so, weil du mich liebst. Ganz bestimmt. Bitte vergib mir lieber Gott. Bitte vergib mir.

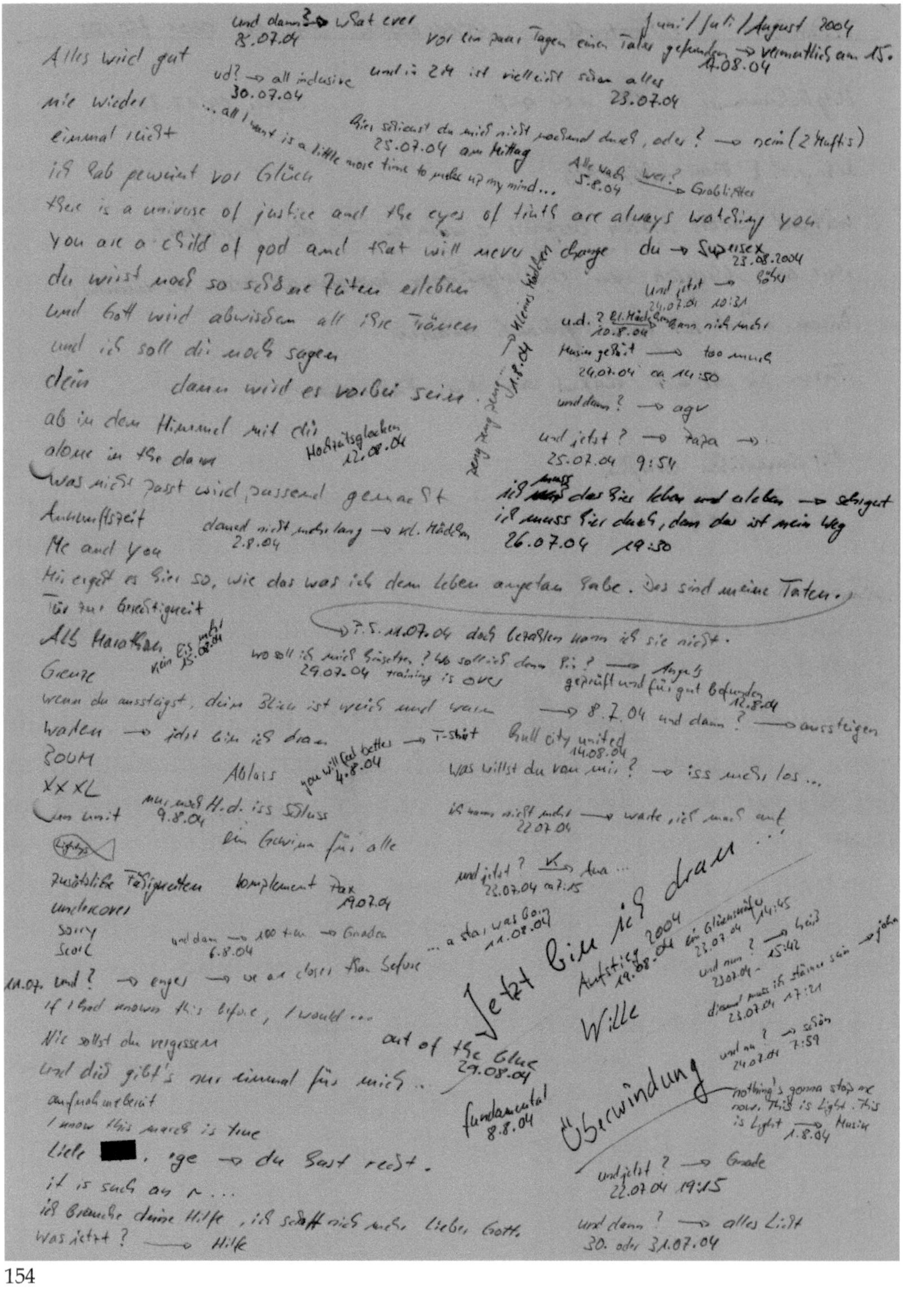

Handwritten notes, multiple overlapping entries in German and English, dated around June/July/August 2004. Key legible fragments:

- Alles wird gut
- nie wieder
- einmal nicht
- ich hab geweint vor Glück
- There is a universe of justice and the eyes of truth are always watching you
- You are a child of god and that will never change
- du wirst noch so schöne Taten erleben
- und Gott wird abwischen all ihre Tränen
- und ich soll dir noch sagen
- dein ... dann wird es vorbei sein
- ab in den Himmel mit dir
- alone in the dark
- Was nicht passt wird passend gemacht
- Ankunftszeit
- Me and you
- Mir geht es hier so, wie das was ich dem Leben angetan habe. Das sind meine Taten.
- Tür zur Gerechtigkeit
- Als Marathon
- Grenze
- wenn du aussteigst, dein Blut ist weiß und warm
- Waden → jetzt bin ich dran
- 80UM
- XXXL
- um wieviel H.d. ist Schluss 9.8.04
- ein Gewinn für alle
- zusätzliche Fähigkeiten · komplement fax 1.9.04
- undercover
- sorry
- score
- 11.07. und? → engel → we are closer than before
- If I had known this before, I would...
- Nie sollst du vergessen
- und dich gibt's nur einmal für mich..
- Aufrichtigkeit
- I know this word is true
- Liebe ■, ■ge → du hast recht.
- it is such ay r...
- ich brauche deine Hilfe, ich schaff nicht mehr, lieber Gott.
- Was jetzt? → Hilfe

Right side column:
- Juni / Juli / August 2004
- Vor ein paar Tagen einen Täter gefunden → Vermutlich am 15.4.08.04
- und in 24 ist vielleicht schon alles 23.07.04
- Hier schickst du mich nicht rasend durch, oder? → nein (2 Hafts)
  25.07.04 am Mittag
- Alle wollen leer? → Großlichtes 5.8.04
- du → Supersex 23.08.2004
- Und jetzt → Söhn 24.07.04 10:31
- u.d.? Ei Höchstr... dann nicht mehr 10.8.04
- Musik gehört → too much 24.07.04 ca. 14:50
- und dann? → agv
- und jetzt? → Papa 25.07.04 9:54
- ich muss das Bier leben und erleben → schweigt ich muss hier durch, denn das ist mein Weg 26.07.04 19:30
- 7.5. 11.07.04 das bezahlen kann ich sie nicht.
- wo soll ich mich hinsetzen? wo sollst du denn hin? Angst geprüft und für gut befunden 29.07.04 training is over 12.8.04
- → 8.7.04 und dann? → aussteigen
- T-shirt hull city united 14.08.04
- Was willst du von mir? → iss mich, los...
- ich kann nicht mehr → waste, ich mach auf 22.07.04
- und jetzt? → Mama 22.07.04 07:15
- ... das was Gott 11.08.04
- Jetzt bin ich dran...
- Wille
- Überwindung
- Auftrieg 2004 in Glienmühle 14:45 19.08.04
- und nun? → heul 23.07.04 15:42
- 23.01.04 → damit muss ich klarer sehn 23.07.04 17:21
- und nun? → schön 24.07.04 7:59
- nothing's gonna stop us now. This is light. This is light. Musik 1.8.04
- und jetzt? → Gnade 22.07.04 19:15
- und dann? → alles Licht 30. oder 31.07.04
- und dann? → what ever 8.07.04
- u.d.? → all inclusive 30.07.04
- all I want is a little more time to make up my mind...
- you will feel better 4.8.04
- Ablass
- Hochzeitsglocken 12.08.04
- davon nicht ums Leben → xl. Mädchen 2.8.04
- und dann → 100 tsm → Gnaden 6.8.04
- out of the blue 29.08.04
- fundamental 8.8.04

18.08.2004

Schreiben um des Schreibens Willen. Kaum hingeschrieben, weiß ich schon nicht mehr warum ich so angefangen habe. Es ist meistens schwer einen Anfang zu finden. Ich hatte so gesehen ganz andere Gedanken, als ich das leere Blatt hervorgeholt. Es ist diese tiefe Langeweile, die mich dazu nötigt etwas niederzuschreiben. Alles andere ist ja verboten. Das Schreiben bestimmt auch, aber ich halte diese Verbote nicht mehr aus. Schon lange nicht mehr. In einer Stadt lebend, die um die 700.000 Einwohner zählt und ich bin einsam, isoliert, abgegrenzt, außen vorgelassen, vorsätzlich verstoßen, mit voller Absicht festgestellt, so dass mir bestimmt der Geduldsfaden reisst, wenn es denn kein Ende nehmen wird. Und wenn ich dich so mit meinen Augen seh, bin ich mir ziemlich sicher, dass du diesen Albtraum ebenso schnell verlassen möchtest wie ich. Unglaublich sind diese penetranten Hässlichkeiten, unglaublich diese Posen der Energie, die mich umgibt und berührt, so dass es mich zutiefst anekelt. Nicht auszudenken wie weit man noch gehen könnte. Traumatisch ist es jetzt schon. Für mich oft unbegreiflich, dass du es gutheißt. Ich bin so scheiße müde von dieser Fahrt. Ich will nicht mehr. Echt nicht. Mach bitte endlich Schluss mit dem ganzen Gemüse hier.

Schreiben um des Schreibens willen. Kaum hingeschrieben, weiß ich schon nicht mehr warum ich so angefangen habe. Es ist meistens schwer einen Anfang zu finden. Ich hatte so gesehen ganz andere Gedanken als ich das leere Blatt hervorholte. Es ist diese tiefe Langeweile, die mich dazu nötigt etwas niederzuschreiben. Alles andere ist ja verboten. Das Schreiben bestimmt auch, aber ich halte diese Verbote nicht mehr aus.

Schon lange nicht mehr. In einer Stadt leben, die um die 700.000 Einwohner zählt und ich bin einsam, isoliert, abgegrenzt, außen vorgelassen, vorsätzlich verstoßen, mit voller Absicht zerstückelt, so dass mir bestimmt der Geduldsfaden reißt, wenn es denn kein Ende nehmen wird. Und wenn ich dich so mit meinen Augen sehe, bin ich mir ziemlich sicher, dass Du diesen Albtraum ebenso schnell verlassen möchtest wie ich.

Unglaublich sind diese penetranten Abscheulichkeiten, unglaublich diese Formen der Energie, die mich umgibt und berührt, so dass es mich zutiefst anekelt. Nicht auszudenken wie weit man noch gehen könnte. Traumatisch ist es jetzt schon. Für mich oft unbegreiflich das du es gutheißt. Ich bin so scheiße müde von dieser Fahrt. Ich will nicht mehr. Echt nich. Mach bitte endlich Schluss mit dem ganzen Gemüse hier.

9.12.2004

Soll ich mal wieder was schreiben? Ich will aber irgendwie gar nicht so recht. Woher kommt das nur? So gesehen geht es mir ganz gut. Ich habe einfach aufgegeben und lebe mit dem was ich bekomme. Eine schöne Wohnung und Grundsicherung. Ich mache wieder die Heizung an und esse. Ich höre Radio, sitze auf der Couch und gehe raus wenn ich Lust habe. Ich treffe meine Mutter, wobei es mir schwer fällt Mutter zu sagen. Den Hungertod, oder besser gesagt die Bewusstlosigkeit, durch Mangel an Nahrung herbeigeführt, habe ich nicht geschafft. Nicht unter diesen Umständen. Auch habe ich keine Lust es unter anderen Umständen zu erleben. Es sei denn, es geht nicht anders. Aber eins ist klar. Es ist Scheiße. Scheiße schwer, ein scheiß Gefühl. Ich weiß nicht was du willst. Keine Ahnung. Mach mich fertig, wie du es für richtig hälst. Mach mich einfach fertig. Ich bin kein heiliger Krieger. Ich bin jemand, der sich vorher betäuben lässt bis der Boxer kommt. So ist das nun mal. Ich hasse Schmerzen. Ich werde sie abschaffen. Nicht nur mir. Alles was du noch von mir wissen möchtest, lieber Gott, tu es einfach. Aber lass mich bitte nicht mehr so zappeln. Es ist zu kotzen. Paps.-

Soll ich mal was schreiben? Ich will aber irgendwie gar nicht so recht. Woher kommt das nur? So gesehen geht es mir ganz gut. Ich habe einfach aufgegeben und lebe mit dem was ich bekomme. Eine schöne Wohnung und Grundsicherung. Ich mache wieder die Heizung an und esse. Ich höre Radio, sitze auf der Couch und gehe raus wenn ich Lust habe.

Ich treffe meine Mutter, wobei es mir schwer fällt Mutter zu sagen. Den Hungertod oder besser gesagt die Bewusstlosigkeit, durch Mangel an Nahrung herbeigeführt, habe ich nicht geschafft. Nicht unter diesen Umständen. Auch habe ich keine Lust es unter anderen Umständen zu erleben. Es sei denn es geht nicht anders. Aber eins ist klar. Es ist Scheiße. Scheiße schwer, ein scheiß Gefühl.

Ich weiß nicht was du willst. Keine Ahnung. Mach mich fertig wie du es für richtig hältst. Mach mich einfach fertig. Ich bin kein heiliger Kämpfer. Ich bin jemand der sich vorher betäuben lässt wenn der Bohrer kommt. So ist das nun mal. Ich hasse Schmerzen. Ich werde sie abschaffen. Nich mit mir. Alles was du noch von mir wissen möchtest, lieber Gott, tu es einfach. Aber lass mich bitte nicht mehr so zappeln. Es ist zum kotzen. Pups.

23.02.2005

Aaaaaaaaaaaaaaaaaaaaaaaaaaaaaaaaaaaaaaaaaaaaaaaaaaaaaaaaaaaag
Aaaaaaaaaaaaaaaaaaaaaaaaaaaaaaaaaaaaaaaaaaaaaaaaaag

Aaaaaaaaaaaaaaaaaaaag

Aaaaaaaaaaaaag

Aaaaaaaaaaaag

Aaaaaaag

Aaaaaag   Aaaaaaaag   Aaaaaag   Aaag

Das gibt es nicht, dass es das gibt.
Es ist unfassbar.

26.02.2005

Mag ich in deinen Augen, in deinem Herz ein wertvoller Mensch, ein wertvolles Wesen sein. Aber wer bin ich denn schon. Schau dir mein Leben an, schau dir an, wie ich mit den Chancen umgehe, die du mir gibst. Welches Leid bin ich bereit für das Leben zu ertragen? Du siehst ja selbst wie wenig ich aushalte und wie oft ich dabei an mein eigenes Wohl denke. Ich denke doch nicht an das Leben für das du dich so aufopferst. Ich denke doch nicht an die Gemeinschaft, an das Wohl aller Menschen. Ich bin schlecht, ich bin schwach, ich gehe dem Elend aus dem Weg wo ich nur kann und du hebst mich hoch in den Himmel. Wie beschämend das für mich ist. Ich bin es doch nicht, lieber Gott. Ich bin doch nicht so sauber. Es fällt mir so schwer, so furchtbar schwer für dieses Leid der Welt stark zu sein, mich dafür hinzugeben. Lieber Gott, ich ertrage nie viel, aber ich bitte dich, lass mich mit dieser Schande nicht leben. Wenn es nicht in mir ist ein edelmütiges Wesen zu sein, selbstlos mit dir zu leben, dann ... ich weiß es nicht, dann nimm mich doch bitte wieder auseinander.

Mag ich in deinen Augen, in deinem Herz ein wertvoller Mensch, ein wertvolles Wesen sein. Aber wer bin ich denn schon. Schau dir mein Leben an, schau dir an, wie ich mit den Chancen umgehe, die du mir gibst. Welches Leid bin ich bereit für das Leben zu ertragen? Du siehst ja selbst wie wenig ich aushalte und wie oft ich dabei an mein eigenes Wohl denke.

Ich denke doch nicht an das Leben für das du dich so aufopferst. Ich denke doch nicht an die Gemeinschaft, an das Wohl aller Menschen. Ich bin schlecht, ich bin schwach, ich gehe dem Elend aus dem Weg wo ich nur kann und du hebst mich hoch in den Himmel. Wie beschämend das für mich ist. Ich bin es doch nicht lieber Gott. Ich bin doch nicht so sauber.

Es fällt mir so schwer, so furchtbar schwer für dieses Leid der Welt stark zu sein, mich dafür hinzugeben. Lieber Gott, ich ertrage nicht viel, aber ich bitte dich, lass mich mit dieser Schande nicht leben. Wenn es nicht in mir ist ein edelmütiges Wesen zu sein, selbstlos mit dir zu leben, dann.... ich weiß es nicht, dann nimm mich doch bitte wieder auseinander.

Ich weiß dass ich nichts ohne die Liebe bin. Alles was ich bin ist von der Liebe. Ich sehe die Liebe in ihrer theoretischen Form, aber nicht in der Praxis. Sie ist für mich wie eine Leinwand, die ich ansehe. Die einzige Liebe, die ich fühlen kann, ist die Liebe in mir. Allen anderen kann ich nur vor den Kopf sehen.
Ich bin nur fähig meine eigene Liebe zu fühlen. Das ist der einzige Trost den ich habe... Gott ist so weit weg wie eine Ewigkeit. Aber anscheinend will er das so.

Es kommt mir so vor, als ob Gottes Liebe nur manchmal zu mir durchscheint. Meistens dann, wenn ich sonderlich verzweifelt bin und wenig Glauben in mir trage. Dann plötzlich bin ich dann von der Umgebung und der Situation die ich gerade erlebe wie ergriffen.
Na ja, aber so weiß ich wenigstens was mir fehlt und wie es sich anfühlt, wenn es nicht da ist.

März 2005

Ich weiß das ich nichts ohne die Liebe bin. Alles was ich bin ist von der Liebe. Ich sehe die Liebe in ihrer theoretischen Form, aber nicht in der Praxis. Sie ist für mich wie eine Leinwand die ich ansehe. Die einzige Liebe die ich fühlen kann ist die Liebe in mir. Allen Anderen kann ich nur vor den Kopf sehen.

Ich bin nur fähig meine eigene Liebe zu fühlen. Das ist der einzige Trost denn ich habe ….Gott ist so weit weg wie eine Ewigkeit. Aber anscheinend will er das so. Es kommt mir so vor als ob Gottes Liebe nur manchmal zu mir durchscheint.

Meistens dann, wenn ich besonders verzweifelt bin und wenig Glauben in mir trage. Ganz plötzlich bin ich dann von der Umgebung und der Situation die ich gerade erlebe wie ergriffen.

Na ja, aber so weiß ich wenigstens was mir fehlt und wie es sich anfühlt wenn er nicht da ist.

22.03.2005

Ich habe es bereits öfter erleben dürfen eine außerordentliche Stille in mir zu fühlen. Es sind immer nur kurze Momente, aber sie existieren. Ich möchte nicht damit sagen, dass es mir leicht fällt in dieser Art des Aseese zu leben, aber so ist das nun einmal. Und wenn ich mir das so überlege kann es mir nur recht so sein nicht mehr so abhängig zu sein. Abhängigkeit gibt es genügend, die einen beherrschen können. Schwer genug sich davon zu trennen, sei es nur der Fernseher, das Auto, das Essen, die Computerspiele, was auch immer.

Am schwierigsten jedoch fällt mir die Trennung von denen, die ich einst liebte. Kann man das überhaupt noch als Leben bezeichnen, wenn man ganz alleine ist? Keiner mehr da mit dem man sich mal austauschen kann? Völlig isoliert. Völlig unabhängig. Doch bedeutet das Leben nicht automatisch auch Abhängigkeit? Und sei es nur der Wind, der mir durch das Gesicht bläst oder der rauschende Baum oder die leise duftende Taube. Ich weiß ja selber wohin das führt, was mit meiner Seele geschieht, wenn sie weiterhin diese Askese erlebt. Irgendwas muss passieren. Da bin ich mir ganz sicher. Ob dann alles besser ist?
Ganz schön heavy dieser Weg. Was für eine Superscheiße.
Aber trotz allem. Irgendwie fühle ich, dass es was bringt und dass es happy enden wird.

Nachtrag 24.03.2005   Das hier zu erleben ist die reinste Hölle. Anscheinend muss man durch diese Schmerz, der jenseits aller bekannten Erfahrungen liegt, hindurch. Diese Schmerzen der Seele kann ich nicht beschreiben. Es ist keine da, die einem das abnimmt. Kraft nicht, die Menschen nicht, die Tiere, die Musik, was weiß ich. Keiner, der einem das abnimmt. Doch irgendwer ist dafür verantwortlich. Irgendwer muss sich hiermit befasst auseinander und wissen worum es geht. Ich bin es nicht. Ich kann mich nicht damit aus. Irgendwo muss diese Schmerzensenergie herfließen. Sie muss da du, der sie aussendet. Dort muss sie hin. So eine Schweinerei. So eine miese Schweinerei.

Ich habe es bereits öfter erleben dürfen eine außerordentliche Stille in mir zu fühlen. Es sind zwar nur kurze Momente, aber sie existieren. Ich möchte nicht damit sagen, dass es mir leicht fällt in diese Art der Askese zu leben, aber so ist das nun einmal. Und wenn ich mir das so überlege dann kann es mir nur recht so sein nicht mehr so abhängig zu sein.

Abhängigkeiten gibt es genügend die einen beherrschen können. Schwer genug sich davon zu trennen, sei es nun der Fernseher, das Auto, das Essen, die Computerspiele, was auch immer. Am schwierigsten fällt mir jedoch die Trennung von denen die ich mal liebte. Kann man das überhaupt noch als Leben bezeichnen wenn man ganz alleine ist? Keiner mehr da mit dem man sich mal austauschen kann?

Völlig isoliert. Völlig unabhängig. Doch bedeutet das Leben nicht automatisch auch Abhängigkeit? Und sei es nur der Wind der mir durch das Gesicht bläst oder der raschelnde Baum oder der lecker duftende Kuchen. Ich werde ja sehen wohin das führt, was mit meiner Seele geschieht wenn sie weiterhin diese Askese erlebt. Irgendwas muss passieren. Da bin ich mir ganz sicher. Ob dann alles besser ist?

Ganz schön heavy dieser Weg. Was für eine Superscheiße. Aber trotz allem. Irgendwie fühle ich, dass es was bringt und dass es happy enden wird.

Nachtrag. Das hier zu erleben ist die reinste Hölle. Anscheinend muss man durch diesen Schmerz der jenseits aller bekannten Erfahrungen liegt hindurch. Diese schmerzen der Seele kann ich nicht beschreiben. Es ist keiner da der einem das abnimmt. Gott nicht, die Menschen nicht, die Tiere nicht, die Musik, was weiß ich. Keiner der einem das abnimmt. Doch irgendwer ist doch dafür verantwortlich. Irgendwer muss sich hiermit bestens auskennen und wissen worum es geht. Ich bin es nicht.

Ich kenne mich nicht damit aus. Irgendwo muss diese Schmerzenergie hinfließen. Sie muss zu dem, der sie aussendet. Dort muss sie hin. So eine Schweinerei. So eine miese Schweinerei.

Erkenne dich selbst!   20.6.2005

Nun dann schauen wir mal, ob das denn auch so einfach mit der Selbsterkennung. Ich denke schon, dass ich so einiges bereits weiß.

- Ich hasse Gewalt. Ich fürchte mich sehr davor. Immer wenn ich in Situationen geriet, die mit körperlichen Auseinandersetzungen zu tun hatten, stieg mein Adrenalinspiegel. Angst und Zittern stellten sich ein und ich war froh, wenn das alles wieder vorbei war. Mit dem Rücken zur Wand schlage ich eher zurück als die Arme hängen zu lassen. Ich hasse Gewalt. Ich hasse sie.

- Ich bin sehr bequem und faul. Viele Dinge des Alltags (Staub putzen, servieren, Treppe putzen, bügeln, etc) erledige ich weil sie sein müssen. Nicht das ich es nicht mache oder mich quäle, aber besonders gerne mache ich es nicht. Bin allerdings hinterher froh, wenn alles wieder schön sauber ist. Denn Sauberkeit liebe ich. Das mag ich. Schmuddelig und welkig ist nicht so mein Ding. Das gilt auch besonders für meinen Körper. Ich muss mich sauber und wohl fühlen.
Zum Thema Bequemlichkeit möchte ich noch sagen, dass ich es gut finde wenn gewisse Arbeiten automatisiert (Waschmaschine, Spülmaschine, etc) werden können. Nicht das ich nur noch rumsitzen will, aber ich genieße es zu genießen.

- Ich bin ein Genießer. Und wenn es irgendwie möglich ist das ich nicht auf Kosten Anderes genieße umso besser. Automatisierte Kellner, Kassen, Anlagen, die mich nicht zu den übelsten Zeiten bedienen müssen, es sei denn es macht ihnen Spaß. Ich was es lieber sie genießen mit. Und wenn ich da an die heutige beschissene Öffnungszeit denke dann tun die mir echt leid. Ich werde mich dafür einsetzen das zu ändern.

- Ich hasse es gezwungen zu werden. Wenn man mich zu etwas zwingt dann leide ich. Und wenn du dann auch noch weißt womit du mich zwingen kannst dann leide ich noch viel mehr. Ich gehe dann kaputt. Ich mache zu. Ich falle. Ich rotze. Ich kann mich nicht daran gewöhnen.
Einsamkeit, nicht essen, keine Freizeit, mir Aufsitzgerichtet, verdissene Geräusche, immer nur lüge, schweige und die Fäuste in der Tasche ballen, immer nur schlucken,

Erkenne dich selbst!

Na dann schauen wir mal, ob das denn auch so hinhaut mit der Selbsterkennung. Ich denke schon, dass ich so einiges bereits weiß.

Ich hasse Gewalt. Ich fürchte mich sehr davor. Immer wenn ich in Situation geriet, die mit körperlichen Auseinandersetzungen zu tun hatten, stieg mein Adrenalinspiegel. Angst und Zittern stellten sich ein und ich war froh, wenn das alles wieder vorbei war. Mit dem Rücken zur Wand schlage ich eher zurück als die Arme hängen zu lassen. Ich hasse Gewalt. Ich hasse sie.

Ich bin sehr bequem und faul. Viele Dinge des Alltags (Staub putzen, renovieren, Treppe putzen, bügeln, etc.) erledige ich weil sie sein müssen. Nicht dass ich es nicht mache oder mich quäle, aber besonders gerne mache ich es nicht. Bin allerdings hinterher froh, wenn alles wieder schön sauber ist. Denn Sauberkeit liebe ich. Das mag ich. Schmuddelig und usellig ist nicht so mein Ding. Das gilt auch besonders für mein Körper. Ich muss mich sauber und wohl fühlen. Zum Thema Bequemlichkeit möchte ich noch sagen, dass ich es gut finde wenn gewisse Arbeiten automatisiert (Waschmaschine, Spülmaschine, etc.) werden können. Nicht dass ich nur rumsitzen will, aber ich genieße es zu genießen.

Ich bin ein Genießer. Und wenn es irgendwie möglich ist das ich nicht auf Kosten Anderer genieße umso besser. Automatisierte Kellner, Kassen, Anlagen, die mich nicht zu den übelsten Zeiten bedienen müssen, es sei denn es macht ihnen Spaß. Mir wäre es lieber sie genießen mit. Und wenn ich da an die beschissenen Öffnungszeiten denke dann tun die mir echt leid. Ich werde mich dafür einsetzen alles zu ändern.

Ich hasse es gezwungen zu werden. Wenn du mich zu etwas zwingst dann leide ich. Und wenn du dann auch noch weist womit du mich zwingen kannst dann leide ich noch viel mehr. Ich gehe dann kaputt. Ich mache zu. Ich falle. Ich kotze. Ich kann mich nicht daran gewöhnen.

Einsamkeit, nicht essen, keine Freiheit, nur Arschgesichter, verschissene Gerüche, immer nur Lügen, schweigen und die Fäuste in der Tasche ballen, immer nur schlucken, Ungerechtigkeiten, Verbote, Verbote, Verbote, Hass, Lügen, Lügen, Lügen, nichts sagen zu können was was man

Ungerechtigkeiten, Verbote, Verbote, Verbote, Hass, Lügen, Lügen, Lügen,
nicht sagen zu können was man denkt, immer nur Tischspässe, Vorschriften
die für Fische sind, körperliche Anstrengung, Bauchschmerzen, Kopfschmerzen,
Übelkeit, überhaupt körperliche Schmerzen, ich kann sie nicht ertragen, ich
hasse sie, ich hasse sie, ich hasse sie. Ich brauch sie nicht.
Mücken die mich stechen mit der Folge juckender Entzündungen. Ich werde mich rächen.
Ich werde zurückstechen. Ihr könnt mich mal.
Ich hasse die Folter. Ich hasse die Ungewissheit. Nicht zu wissen was
als nächstes passiert. Keinen blassen Schimmer.
Kein Vertrauen, keine Gespräche → die Folge Ich geh kaputt. Ich sterbe
Keine Liebe die Folge Ich sterbe ̶̶̶̶̶̶̶̶̶̶

- Ich mag die Sonne, die Blumen, das Wasser, die Erde, die Welt.
Aber so wie sie ist hasse ich sie. Ich werde sie nur lieben können wenn
sie nicht so ist wie sie ist.

- Ich muß mit dir reden ███, ich muß mit dir reden liebe Gott.
Ich sterbe. Ich geh daran kaputt.

- Ich brauche Hilfe. Bitte therapiere mich.

- Ich bin nur in der Gemeinschaft. Nur dann bin ich.
Alles andere ist Pups.

- Ich liebe die Gesellschaft von schönen Frauen. Ich will treu sein. Ich will
nicht von Baum zu Baum hüpft. Ich will tiefe feste Freundschaft. Ich will
Erotik heit. Ich will meine Sexualität in Griff haben. Ich will nicht erpressbar
sein. Ich will Sicherheit. Ein für alle mal. Ich will keine Angst mehr
haben müssen.

- Mit der Selbstlosigkeit habe ich Schwierigkeit. Ich kann nicht nur für Andere leb-
oben selbst zu leben. Vieles Leid, das mir bekannt ist würd mich überfordern.
Ich würde nicht die Slums dieser Welt aufsuchen, um zu helfen. Das macht mich leer.
Ich glaub das macht alle leer. Ich bin froh wenn das nicht mehr ist.

denkt, immer nur Arschfressen, Vorschriften die für`n Arsch sind, körperliche Anstrengungen, Bauchschmerzen, Kopfschmerzen, Übelkeit, überhaupt körperliche Schmerzen, ich kann sie nicht ertragen, ich hasse sie, ich hasse sie, ich hasse sie. Ich brauch sie nicht. Mücken die mich stechen mit der Folge juckender Entzündungen. Ich werde mich rächen. Ich werde zurückstechen. Ihr könnt mich mal. Ich hasse die Folter. Ich hasse die Ungewissheit. Nicht zu wissen was als nächstes passiert. Keinen blassen Schimmer. Kein Vertrauen, keine Gespräche, die Folge, ich geh kaputt. Ich sterbe. Keine Liebe, die Folge, ich sterbe.

Ich mag die Sonne, die Blumen, das Wasser, die Erde, die Welt. Aber so wie sie ist hasse ich sie. Ich werde sie nur lieben können wenn sie nicht so ist wie sie ist.

Ich muss mit dir reden …., ich muss mit dir reden lieber Gott. Ich sterbe. Ich gehe daran kaputt.

Ich brauche Hilfe. Bitte therapiere mich. Ich bin nur in der Gemeinschaft. Nur dann bin ich. Alles andere ist Pups.

Ich liebe die Gesellschaft von schönen Frauen. Ich will treu sein. Ich will nicht von Baum zu Baum hüpfen. Ich will tiefe feste Freundschaften. Ich will Ehrlichkeit. Ich will meine Sexualität im Griff haben. Ich will nicht erpressbar sein. Ich will Sicherheit. Ein für alle Mal. Ich will keine Angst mehr haben müssen.

Mit der Selbstlosigkeit habe ich Schwierigkeiten. Ich kann nicht nur für Andere leben ohne selbst zu leben. Vieles Leid das mir bekannt ist würde mich überfordern. Ich würde nicht die Slums dieser Welt aufsuchen um zu helfen. Das macht mich leer. Ich glaub das macht alle leer. Ich bin froh wenn das nicht mehr ist.

Seite 2

- Ich bin ein Krieger. Fürchterlich. Die Vorstellung reicht aus. Krieg macht mir Angst.

  Actionfilme O.K.. Aber Krieg? In echt?
  Lassen wir den Scheiß. O.K.? ~~Nicht hätte mir~~
  Nich mit mir.

- Ich kenne meine Grenzen. Ich bin alt.
- Ich weiß nicht wie es weitergeht. Ich weiß noch nicht was ich will und was ich werde.

  Aber ich denke, ich muß mal konsequenter an einer Sache bleiben. ~~Ich~~ Nicht immer so schnell wechseln und aufgeben. Mal ein bisschen hartnäckiger sein.

  Also, anfangen und zu Ende bringen. Aber vielleicht bin ich ja so. ~~Hallo~~ Reden wir mal drüber.

- Ich bin müde. Scheiße müde.
- Ich bin nicht mehr in der Lage diesen Weg weiterzugehen.
- Ich bin froh in einem Land wie diesem zu dieser Zeit geboren worden zu sein. Ich konnte zur Schule, ich hatte immer zu essen, ich habe nicht kalt müssen. Alles war da. Und jetzt werde ich durch das System aufgefangen. Ich kann nicht mehr arbeiten, aber für Wohnung und ~~Essen~~ ist gesorgt. Das ist ne Menge. Du weißt es besser als ich lieber Gott. Ich bin so froh wenn das Sie vorbei ist. So froh. ~~Bar~~ ..... Schmerz, Hoffnung .....

Ich bin kein Krieger. Fürchterlich. Die Vorstellung reicht aus. Krieg macht mir Angst. Actionfilme o.k. Aber Krieg? In echt? Lassen wir den Scheiß, o.k.? Nich mit mir.

Ich kenne meine Grenzen. Ich bin alle.

Ich weiß nicht wie es weitergeht. Ich weiß noch nicht was ich will und was ich werde. Aber ich denke, ich muss mal konsequenter an einer Sache bleiben. Nicht immer so schnell wechseln und aufgeben. Mal ein bisschen hartnäckiger sein. Also, anfangen und zu Ende bringen. Aber vielleicht bin ich ja so. Reden wir mal drüber.

Ich bin müde. Scheiße müde.

Ich bin nicht mehr in der Lage diesen Weg weiter zu gehen.

Ich bin froh in einem Land wie diesem zu dieser Zeit geboren worden zu sein. Ich konnte zu Schule, ich hatte immer zu essen, ich habe nicht leiden müssen. Alles war da. Und jetzt werde ich durch das System aufgefangen. Ich kann nicht mehr arbeiten, aber für Wohnung und Essen ist gesorgt. Das ist ne Menge. Du weißt es besser als ich lieber Gott. Ich bin so froh wenn das hier vorbei ist. So froh. ….Schmerz, Hoffnung ….

S. 36

a) Manchmal bin ich nicht besonders schön. Ich halte mich der Hässlich. Ich bin unglücklich. Ist das alles Macke ....

b) Ich will mich finden. Ich will nie töten für die Träume die ich geträumt habe. Ich will lieben. Ich kann lieben. Ich habe viel zu geben. Ich bin oft geil.

c) Denken fällt mir schwer. Analysieren ist mühsam. Ich kann gut in Bildern denken. Ich habe nicht die Geduld Zusammenhänge theoretisch zu analysieren. Ich will das ändern.

d) Null bis ganz wenig. Ich habe zu wenig Geld.

e) Arbeitslos, Freiberufler.
Würde ich mir in der Liebe des anderen süße, dann würde ich ▓▓▓▓▓▓ prochiedieren, sofern es alle Beteiligten ebensoviel Spass macht wie mir.

All the subtle flavors of my C/s
I secret bitter seeds and
poison leaves without you.
You represent whats true.
I drain the colour from the
sky and turn blue without you.
These arms like a purpose flapping
like a human bird. I'm
nervous cuts. I'm the left eye
You're the right. Would it not
be pathos to fight. We are
one. In you sings the say which
fights unite my wings. In you the
fullness of living. The power to begin
again from right now. In you.
I'm unafraid ✗ never scared. Worries washed
.... add. Iam the left eye. You're the right
Would it not be madness to fight. We are one.
von Faithless

a) Manchmal bin ich nicht besonders schön. Ich fühle mich dann hässlich. Ich bin ungelenkig. Iss doch alles Kacke...

b) Ich will mich finden. Ich will eine Lösung für den Traum den ich geträumt habe. Ich will lieben. Ich kann lieben. Ich habe viel zu geben. Ich bin oft geil.

c) Denken fällt mir schwer. Analysieren ist mühsam. Ich kann gut in Bildern denken. Ich habe nicht die Geduld Zusammenhänge theoretisch zu analysieren. Ich will das ändern.

d) Null bis ganz wenig. Ich habe kein Vertrauen mehr.

e) Arbeitslos, Frührentner. Wäre ich mir in der Liebe der anderen sicher, dann würde ich .... produzieren, sofern es allen Beteiligten ebenso viel Spaß macht wie mir.

"Schon wieder ich" Autorin Jaya Hebt   19.10.2004

a) Es kann nicht sein, dass ich für alle Fehler der Welt aufkommen muss. Und insbesondere sollte die Fehler, die ich begangen habe, ~~aber soll~~ mir nicht ständig serviert werde. Gut, sie sind da, nicht vergessen, aber ich bin bereit nicht mehr so tief fallen zu wollen. Also muss auch mal gut sein. Und da fiel mir das Buch in die Hände.

b) Bestimmt, aber im Moment wüsste ich keine, die ich formulieren könnte. Obwohl ich gewissenhaft arbeite kann, werde ich nicht gefördert. ~~Lass~~ davon ab, hatte ich oft die Einstellung es mir nicht zuzutrauen Verantwortung zu übernehmen. Ich habe gerne andere Entscheide lasse. Das will ich so nicht mehr, denn ich kann durchaus selbst abwäge. Oft dachte ich, dass ich durch mein Aussehen minderwertiger als schönere Menschen bin und auf deswegen nicht so den Erfolg hätte. Weit gefehlt. Alles Humbug. Ich muss nur ich sein und es akzeptieren, dass ich nicht allen gefallen kann. So ist das nun mal. Ich muss einfach eine echt *

c) Eigene Fehler erkennen, ~~akzeptieren~~ und beheben können. Nicht immer alles auf andere Schiebe, aber auch nicht für alles verantwortlich gemacht werde können. Die eigenen Fehler also eingrenzen können, wie ein Scanner, der Viren aufspürt. Fehler objektiv beurteilen können. Die anderen Menschen und ihre Fehler oder Verhaltensweise begreife wollen.

* seine und Kritik vertragen können.

„Schon wieder ich" Autorin Jaya Herbst

Ihre Fragen, meine Antworten.

Es kann nicht sein, dass ich für alle Fehler der Welt aufkommen muss. Und irgendwann sollten die Fehler die ich begangen habe mir nicht ständig serviert werden. Gut sie sind da, nicht vergessen, aber ich bin bereit nicht mehr so tief fallen zu wollen. Also muss auch mal gut sein. Und da fiel mir das Buch in die Hände.

Bestimmt, aber im Moment wüsste ich keine, die ich formulieren könnte. Obwohl ich gewissenhaft arbeiten kann wurde ich nicht gefördert. Davon ab, hatte ich oft die Einstellung es mir nicht zuzutrauen Verantwortung zu übernehmen. Ich habe gerne andere entscheiden lassen. Das will ich so nicht mehr, denn ich kann durchaus selbst abwägen. Oft dachte ich, dass ich durch mein Aussehen minderwertiger als schönere Menschen bin und auch deswegen so nicht den Erfolg hatte. Weit gefehlt. Alles Humbug. Ich muss nur ich sein und es akzeptieren, dass ich nicht allen gefallen kann. So ist das nun mal. Ich muss einfach nur echt sein und Kritik vertragen können.

Eigene Fehler erkennen, akzeptieren und beheben können. Nicht immer alles auf andere schieben, aber auch nicht für alles verantwortlich gemacht werden können. Die eigenen Fehler klar eingrenzen können wie ein Scanner der Viren aufspürt. Fehler objektiv beurteilen können. Die anderen Menschen und ihre Fehler oder Verhaltensweisen begreifen wollen.

Über tredition

Der tredition Verlag wurde 2006 in Hamburg gegründet. Seitdem hat tredition Hunderte von Büchern veröffentlicht. Autoren können in wenigen leichten Schritten print-Books, e-Books und audio-Books publizieren. Der Verlag hat das Ziel, die beste und fairste Veröffentlichungsmöglichkeit für Autoren zu bieten.

tredition wurde mit der Erkenntnis gegründet, dass nur etwa jedes 200. bei Verlagen eingereichte Manuskript veröffentlicht wird. Dabei hat jedes Buch seinen Markt, also seine Leser. tredition sorgt dafür, dass für jedes Buch die Leserschaft auch erreicht wird

Autoren können das einzigartige Literatur-Netzwerk von tredition nutzen. Hier bieten zahlreiche Literatur-Partner (das sind Lektoren, Übersetzer, Hörbuchsprecher und Illustratoren) ihre Dienstleistung an, um Manuskripte zu verbessern oder die Vielfalt zu erhöhen. Autoren vereinbaren unabhängig von tredition mit Literatur-Partnern die Konditionen ihrer Zusammenarbeit und können gemeinsam am Erfolg des Buches partizipieren.

Das gesamte Verlagsprogramm von tredition ist bei allen stationären Buchhandlungen und Online-Buchhändlern wie z. B. Amazon erhältlich. e-Books stehen bei den führenden Online-Portalen (z. B. iBook-Store von Apple) zum Verkauf.

Seit 2009 bietet tredition sein Verlagskonzept auch als sogenanntes "White-Label" an. Das bedeutet, dass andere Personen oder Institutionen risikofrei und unkompliziert selbst zum Herausgeber von Büchern und Buchreihen unter eigener Marke werden können.

Mittlerweile zählen zahlreiche renommierte Unternehmen, Zeitschriften-, Zeitungs- und Buchverlage, Universitäten, Forschungseinrichtungen, Unternehmensberatungen zu den Kunden von tredition. Unter www.tredition-corporate.de bietet tredition vielfältige weitere Verlagsleistungen speziell für Geschäftskunden an.

tredition wurde mit mehreren Innovationspreisen ausgezeichnet, u. a. Webfuture Award und Innovationspreis der Buch-Digitale.

tredition ist Mitglied im Börsenverein des Deutschen Buchhandels.